宇野弘之 著

法然上人　親鸞聖人推奨

『唯信鈔』を読む

信仰心・心の糧の宗教哲学

山喜房佛書林

目次

はじめに

先人に超世の生き方、いつの時代にあっても人生最大の課題である「生死度脱の智慧を学ぶ」ということは、「仏教の般若《はんにゃ》の智慧を学ぶ」初発心でもあろう。

「それ生死をはなれ仏道をならんとおもはんに」という、聖覚《せいかく》法印の『唯信鈔』の冒頭の文章は、浄土門だけが仏道成就の易行道であり、念仏往生道こそが現代の時代に相応しいやさしい仏法入門の道、仏道である。その仏道成就の道は、信仰心に極まる。その根本は、信心一つである。ただこのこと、信一つを選び保つことの大切さを示していると思われる。

仏教の真髄、仏教の奥義に、生死一大事という人生の課題解決、生死度脱の叡智の学習、諸人を救う仏の呼び声、命令、はかり知れない本願力廻向による主体的信仰の目覚め信念と実践について尋ねる、それは本願力のはたらきの不思議、信仰心の問題を取りあげることでもあろう。

信仰とは、一般的に信頼して疑わないことである。深く心服して尊敬することであろう。仰ぎ信ずる「仰信《ごうしん》」は、ただひたすら仏や祖師の教えを信ずること、その信仰心であろう。教えの道理を了解したうえで信ずる「解信《げしん》」は、よく知られた身近な信仰心を表わす言葉、仏教語である。

「信はうたがいなきこころなり」親鸞『唯信抄文意《ゆいしんしょうもんい》』

「如来の御ちかいをききて、うたがうこころのなきなり」『一念多念文意《いちねんたねんもんい》』

信とは、力のある本願力を疑わない心であり、信は信頼、信用、信受《しんじゅ》を意味する。信楽《しんぎょう》、浄心《じょうしん》、金剛心《こんごうしん》とも言う。

仏法の大海には「信を以て能入《のうにゅう》と為す」(『智度論』)

信は、仏道に入る最初の入門の心であり、「親鸞《しんらん》教学」「蓮如《れんにょ》教学」をひもとけば、浄土教の真髄は尚一層よく理解できるであろう。

「御文《おふみ》は凡夫《ぼんぶ》往生の鏡《かがみ》である」(『御文(章)』)、蓮如上人は京、田舎のすべての門徒、愚かな者に、やさしく即座に凡夫が理解し、すみやかに信心を得るように願った。

親鸞聖人の教えが、戦国の世にあまねく広まったのは、宗教的情熱家、篤信者蓮如上人のお蔭であり、親鸞の主著『教行信証《きょうぎょうしんしょう》』『安心決定鈔《あんしんけつじょうしょう》』等は、蓮如上人の最も精読した書物（聖教）であった。

機《き》を見て法《ほう》を説く。それが蓮如の説法の精神であり、門徒の信心決定の為には御文（章）は、大きな意義をもつものであった。

『御文（章）』は相承の安心を明らかにし、末代《まつだい》の凡愚《ぼんぐ》を誘引する為に書かれたといわれるが、蓮如上人のつくられた「御文（章）」によって多くの人が、親鸞聖人の教えを正しく理解でき、お念仏を喜ぶ生活をするようになった。それも御功績の一つに間違いないであろう。親鸞聖人も「如来の教法を我も信じ、人にも教え聞かしむるばかりなり」と、阿弥陀《あみだ》さまにたすけたまえとたのむ、摂取不捨《せっしゅふしゃ》の本願他力をたのむ安心立命《あんじんりつめい》の姿をあらわされている。

われらを間違いなく無条件でお救いくださる阿弥陀佛を信ずる。弥陀一佛のその信仰心が大切であり、信ひとつが私、われらの往生《おうじょう》の正因《しょういん》である。信心は、阿弥陀佛の御廻向《ごえこう》であると「信心正因《しんじんしょういん》　称名報恩《しょうみょうほうおん》」の心を示された。

啐啄同時《そったくどうじ》という信心決定の瞬間がある。啐は卵が孵化《ふか》しようとする時雛《ひな》が殻の中でつつくこと。啄《たく》は母鳥がそれに応じて外から殻をつつくことである。

「そもそも信心といふは、阿弥陀仏の本願のいはれをよく分別して、一心に弥陀に帰命《きみょう》するかたをもつて、他力の安心を決定すとは申すなり。されば南無阿弥陀仏の六字のいはれをよくこころえわけたるをもつて、信心決定の体とす」（御文（章）第三帖目第七通）

「当流の信心決定すといふ体は、すなはち南無阿弥陀仏の六字のすがたとこころうべきなり」（第四帖目第八通）

「他力の信心をとるといふも、別のことにはあらず。南無阿弥陀仏の六つの字のこころをよくしりたるをもつて、信心決定《しんじんけつじょう》すとはいふなり」（第五帖目第十一通）

「まづ善信（親鸞）が身には、臨終の善悪をば申さず、信心決定のひとは、疑なければ正定聚《しょうじょうじゅ》に住することにて候ふなり」（親鸞聖人御消息第十六通）

いま生きている現在の世、この世、現世で往生が定まり、必ず必ず悟りを開くことができると、真実信心を得た人たちは「正定聚《しょうじょうじゅ》」に住すると宗教的実存を語る。

阿弥陀仏の名号を称える願生浄土《がんしょうじょうど》、往生浄土の人たちである。

不退《ふたい》の位と言い、極楽に生まれた者がそこから退転《たいてん》せず、阿弥陀仏の本願を因として得られた浄土、極楽浄土この報土に生まれた者は、安心決定により苦海の穢土《えど》に退転することはない。

この世にいる間に往生の身と定まる。

再び後戻りせぬ不退転位、不退地《ふたいち》としての極楽浄土、浄土願生を語り示す。

『唯信鈔』には「唯」の字を釈するに二つの字訓が示されている。

一 「唯」は、ただこのことひとつといふ。ふたつならぶことをきらふことばなり。

二 また「唯」は、ひとりといふこころなり。

唯の字は、ただこのこと、ひとつの意《こころ》であり、唯信の信をさす。二心なき信仰の純粋性を示す。ふたつならぶことをきらふ言葉である。二心なき弥陀一仏《みだいちぶつ》、弥陀の超世《ちょうせ》の本願《ほんがん》、三世を超えた勝れた凡夫出離の直道、浄土往生を信じ敬う信仰心、仏教者としての帰信《きしん》の信仰姿勢の重要な第一歩が示される。

阿弥陀仏が、衆生救済の為に与えられた阿弥陀仏の誓願《せいがん》、阿弥陀仏を信じて一声《ひとこえ》でも念仏を唱えるものは、すべて浄土（極楽浄土）有楽の国に迎えとるという。その誓いを信ずる姿勢である。

疑わずに信ずる。「信心は如来の御ちかい聞きてうたがうこころなきなり」「真実の真心なり」とただ念仏して、ただこのこと一つに身が定まった。

『唯信鈔』の唯とはひとり、唯信独達、ただひたすら阿弥陀仏の本願を信じて疑わないことである。信心のひとり働きで往生してゆく、仏道成就《ぶつどうじょうじゅ》していく。「ひとり」とは並ぶものがない。如来の働きが信によって届いて私に信が生まれることが、仏道成就が信ひとつの道、根本であることを論じている。

よく知られる仏教語に「独生独死《どくしょうどくし》」（ひとり生まれ、ひとりで死ぬ）、命あるものすべて生まれてくる時も、死ぬ時も「ひとり」であることを示す言葉である。

生まれてくる時は「独生」誰でもひとり生まれてくる。双子《ふたご》であってもひとりずつ生まれてくる。

「独死」は、人生最大の課題を表す言葉であろう。

死ぬる時は、誰でも一人である。死は、その人一人称の死である。独生而独死を語る。

釈尊は、人間として避けられない四つの苦しみ、「生まれること」「老いること」「病気になること」「死ぬこと」の四つを生老病死《しょうろうびょうし》として語り諭す。人生の構造、人間の生存の姿を明らかにする。

すべての人間は、死を免れることができない。

老い、年をとる。若きときは気づかず、年老いて気づく大切なことも多いが、「老いと死」は、どの人の人生にも間違いなく訪れる事柄である。二人称、三人称の老死ではなく、健康長寿で暮らしても、一人称の老病死《ろうびょうし》が必ず訪れる。その意味で「生きられる時間は決まっている」とも言えるだろう。

人生五十年「人生七十古稀希《こきまれ》なり」と言われた生涯から、今日、百歳の延命長寿の人生が語られ長寿の人が多い。医食同源、和食と医療のお蔭で長生きできると言われる。その健康長寿の人生は、誰もが望む生涯に違いないであろう。

生きられる時間の決まっている私たちの『老病死《ろうびょうし》』の人生行路——。

「生者必滅《しょうじゃひつめつ》　会者定離《えしゃじょうり》」は、世のならい、それは理（永遠の真理）、一切を貫く理法である。

生者必滅（命あるものは必ず死ぬる時がある）。

会者定離（会うものは必ず別れがある）『涅槃経《ねはんきょう》』の釈尊の言葉に「生死事大《しょうじじだい》」、人の一生は、生きられる時間に定めがある。生死一大事であると諭す。

そのような私たちの人生行路にあって先人に、生死度脱《しょうじどだつ》の智慧を学ぶということは、超世はいつの時代にあっても人生最大の課題であり、ここに「仏教の般若《はんにゃ》の智慧を学ぶ」という大切な初発心《しょほっしん》もあること。このような視座から法然上人、親鸞聖人推奨《すいしょう》の聖覚《せいかく》著『唯《ゆい》信鈔《しんしょう》』をひもとくことによって、宝の山に入って、仏教の叡智にめぐりあうことができ、深い信仰心が得られると信ずる初発心《しょほっしん》の仏教入門書の著述の心であると言えるであろう。

本著出版に当たり山喜房佛書林吉山利博社主に快くお引き受け頂いた。心から感謝の意を申し上げたい。

著　者

『唯信鈔』を読む

序章　『唯信鈔《ゆいしんしょう》』とはどんな書物か

法然上人《ほうねんしょうにん》（一一三三～一二一二）の門弟である聖覚法印《せいかくほういん》（一一六七～一二三五）が、末法濁世《まっぽうじょくせ》に生きる凡夫の救い、「念仏往生の道《ねんぶつおうじょう》」を世に明らかにする。法然上人の『選択集《せんじゃくしゅう》』を、和文で分かりやすく述べた心の書、入門書が『唯信鈔《ゆいしんしょう》』であろう。

念仏往生の教えが正しく、よく了解されるように、かみ砕《くだ》いて書き著した。

聖覚法印は、親鸞聖人《しんらんしょうにん》（一一七三～一二六二）より六歳年上であった。

聖覚法印は、源空《げんくう》入滅一二一二年の後九年を経た承久三（一二二一）年、五十五歳の時に『唯信鈔』を著した。当時、関東に滞在していた親鸞聖人は、四十九歳であった。その親鸞聖人が、この書を手に入れたのは、聖覚が著述後の九年目のことであった。

印刷技術のない時代のことである。その書物を何回も何回も写された親鸞聖人の直筆による写本が四冊残っている。一番最後のものは、聖覚法印六十九歳入寂のその百か日に、親鸞聖人が筆を執られ書写した『唯信鈔』である。

親鸞聖人は、何回も書き写して、念仏往生心の説かれているこの書を、門弟たちに読むことを勧められた。

法然上人亡き後、信心について疑いが起こった場合どなたにお尋ねしたらよろしいかとのお尋ねに、法然上人は「聖覚法印我《せいかくほういん》がこころを知れり」と聖覚法印を推選された。親鸞聖人は『唯信鈔』を解釈し、康元二（一二五七）年八十五歳の時『唯信鈔文意《ゆいしんしょうもんい》』を著された。

聖覚の『唯信鈔』の引用文の経典・論釈《ろんしゃく》は漢文である。読みづらいばかりでなく、文字一つ知らない読み書きできない無学な一文不知の輩《ともがら》もいる世であり、意味も理解もしづらい。そこで、難解なところをわかりやすく、やさしく論述して皆に勧め、伝えようという親鸞聖人の心の書『唯信鈔文意』が誕生した。

『唯信鈔』に、念仏の二字を加え「唯信念仏鈔」の題名にすると理解しやすいであろう。

「この本願のやうは『唯信抄』によくよく見えたり」（『尊号真像銘文』）

「唯信とまふすはすなわちこの眞實信楽を、ひとすぢにとるこころをまふす也」

と、親鸞聖人は聖覚法印『唯信抄』を高く評価している。

聖覚《せいかく》とはどんな人物か

聖覚の祖父、藤原通憲《ふじわらのみちのり》（～一一五九）は『本朝世紀』の著者であり、文才を称讃されていた人物である。出家して信西《しんぜい》といい、黒衣の宰相として一世を風靡した。

父澄憲《ちょうけん》（〜一二〇三）をはじめ、親族には高野の明遍僧都・静賢・覚憲・勝賢等、有名な出家者が多く、澄憲は、後白河法皇や後鳥羽天皇の信任を得て、朝廷に出入りし『往《おう》生要集《じょうようしゅう》』の談義も行っていた天台唱導家の祖、名人であった。戒律を破って妻帯していたことでも知られる異色の人物であり、澄憲の説法は、名調子であったと言う。

聖覚は、叡山東塔北谷八部尾竹林房に住む僧侶として静厳法印に学び、父澄憲にも学んだ。京都の市中を周遊し説法していた。説教師澄憲・聖覚は三十七歳の時、父澄憲より安居院を継承し、安居院流《あぐいりゅう》としてひろく世人の讃嘆を受け、安居院に主に居住したらしく「安居院法印聖覚」と居場所の安居院を呼称としていた。叡山に僧籍があり、叡山の学匠でもあった。

元久二年八月の頃、源空が、白川の二階坊で瘧病《ぎゃくびょう》を発した。瘧病とは、マラリアのことである。発症すると四〇度近い高熱に襲われる。比較的短期間で熱は下がる。ハマダラ蚊が媒介し、三日熱のマラリアである。予防治療可能な病気ではあるが、全世界ではマラリアは年間二・一六億人が感染、うち四四・五万人が死亡している（二〇一六年）。法然上人はどうやらそのマラリアに感染されたらしい。

マラリアが死因と思われる著名人には、アレクサンドロス三世、ゲルマニクス、一休宗純、堀河天皇、平清盛、オットー二世（神聖ローマ皇帝）、ファウスト・コッピ、ダンテ・アリギエーリ、アレクサンデル六世、マザー・テレサ、・オリバー・クロムウェル、ツタンカーメン、北白川宮能久親王、谷豊（ハリマオ、盗賊、日本陸軍の諜報員）等がいる。

瘧は、日本の古文献でも、しばしば瘧（おこり）・瘧病《ぎゃくびょう》と称される疫病が登場するが、マラリアであると考えられる。養老律令の『医疾令《いしつりょう》』では、典薬寮に瘧の薬を備えておく規定がある。『和名類聚抄』には別名として「和良波夜美《わらわやみ》」「衣夜美《えやみ》」が記載されている。前者は童（子供）の病気、後者は疫病の意味であると考えらる。

『源氏物語』の「若紫」の巻では光源氏が瘧を病んで加持《かじ》のために北山を訪れ、通りかかった家で密かに恋焦がれる藤壺（二十三歳）の面影を持つ少女（後の紫の上）を垣間見る設定になっている。近代以前には西日本の低湿地帯において流行がみられた。歌舞伎の『助六由縁江戸』の口上は「いかさまナァ、この五丁町へ脛を踏ん込む野郎めらは、おれが名を聞いておけ。まず第一、瘧が落ちる（熱病が治る）…」とあり、江戸時代の川柳の題材としてもしばしば用いられた。明治以後は沈静化している病である。

「九条兼実《かねざね》が善導の図絵を源空の面前にかかげ供養し、導師として聖覚を招いてその治癒を祈った。その聖覚の説法によって源空の瘧病が平癒した」(『明義進行集』)とある。瘧療治療という呪術的な仏事であり説法したと伝えられるところに唱導師としての聖覚の面目があろう。

なぜ執筆されたか

「我大師聖人為釈尊之使者、弘念仏之一門、為善導之再誕勧称名之一行」(法印聖覚和尚の銘文)

(我が大師源空上人、釈尊の使者として念仏の一門を弘め、善導の再誕として称名の一行を勧む)

聖覚は『選択本願念仏集《せんじゃくほんがんねんぶつしゅう》』を座右の書として置き、『唯信鈔』は『選択本願念仏集』の注釈書であるともいわれる。

『選択集』の二門章、二行章、本願章と次第してゆく聖教の組織体系に順じ、思想表現等も両書において重なっていることが注目される。

『選択本願念仏集』は、漢文で書かれているのに対し、『唯信鈔』は、日本本来の言葉、和語で書かれている。親鸞聖人が書写した『唯信鈔』には片仮名のものと平仮名のものと二種類あり、「平仮名《ひらかな》唯信鈔」ともいわれている。

『唯信鈔』が対象としている層は、槃特《はんどく（おろか者）》のともがらである。「ホトケノミデシナリ、グチノヒトナリキ」と親鸞聖人は左訓している。愚痴文盲《ぐちもんもう》のやから（愚か者で理非が分からない無知の人）という意味である。源空の愚人を正機《しょうき》とした態度を継承している。

源空は、自ら筆を執ることが少なかったという。筆まめな親鸞聖人に代筆をさせている。

『選択本願念仏集』は、公開をはばかった「壁の底に埋めて」という非公開の書であり一貫して源空は非公開の態度であった。

これに対し『唯信鈔』は公開の文であり「源空要」として源空の思想が聖覚論述に見られる。尚且つ聖覚がより親鸞聖人の思想に親近していた。

親鸞聖人は『唯信鈔文意《ゆいしんしょうもんい》』で『唯信鈔』を「すぐれたることをぬきいだしあつむることばなり」と解説している。

聖覚の『唯信鈔』も、源空の思想の「すぐれたるところ」を「ぬきいだしあつめた」と語る。

その聖覚が朝廷をはじめ公家・武家に招請されて仏会講会の導師講師となった事例は甚だ多い。

聖覚と親鸞

親鸞聖人が、天台座主慈円《じえん》のもとで出家したのは九歳の時で、後白河法皇に仕えていた伯父範綱のすすめであった。

後白河法皇の葬送で、範綱は、聖覚や聖覚の父澄憲とも交渉があった。親鸞聖人の養父範綱の仏事の導師を聖覚が勤めている。こうして親鸞聖人は伯父宗業や養父範綱を介して聖覚に接触する機会があった。

聖覚は、慈円の青蓮院の執事であった。

慈円は、聖徳太子の熱烈な崇敬者であった。太子創建と信じられていた六角堂（京都市頂法寺）にて、聖覚は、説法もしている。

この聖徳太子ゆかりの六角堂は、親鸞聖人が百か日参籠して太子の示現の文にあずかり、源空、法然上人をたずねる機縁を与えてくれたところである。親鸞聖人を源空の吉水の禅房へ導いたのは、聖覚であった。

聖覚著『唯信鈔』本文の構成と内容についての一般的解釈

- 本文
  - 一・一向専修（正義の顕彰）
    - (一)聖浄二門「夫生死をはなれ……他力の往生となつく」
    - (二)仏願生起「そもそも名號を……なみまをわくるにたとふへきか」
    - (三)専雑二修「つぎにこの念佛往生……うたかふへからす」
    - (四)三心具足「つぎに念佛をまふさむには…極樂にむまれむと願するなり」
  - 二・釈疑勧信（異義の批判）
    - (一)十念釈疑「つぎに本願の文にいはく……口稱の義をあらはさむとす」
    - (二)命終釈疑「つぎにまた人のいはく……臨終の念佛にひとしかるへし」
    - (三)業障釈疑「またつぎに……往生のさわりとなることあるへからす」
    - (四)宿善釈疑「つぎにまた人のいはく……まことにこのたくひか」
    - (五)一念釈疑「つぎに念佛を信する人……これを正義とすへし」
  - 述意帰敬（本文の結び）「念佛の要義おほしといゐとも……ともに迷執をたゝむ」

第一章　『唯信鈔』を読む

題名

唯信鈔

ただひたすら阿弥陀仏の本願を信じて疑わない、経典の文章を、抜き書きしてあつめた注釈書

安居院法印聖覚御作《あぐいほういんせいかくおさく》

第一節　正義の顕彰《けんしょう》、一向専修《いっこうせんじゅ》（専修念仏の正しい意味道理をあらわす）

第一項　聖浄《しょうじょう》二門（聖者の悟り、阿弥陀仏の救いを説く二門）

本文

夫《それ》、生死《しやうじ》をはなれ、佛道《ぶちだう》をならむとおもはむに、ふたつのみちあるべし。ひとつには聖《しやう》道門《だうもん》、ふたつには浄土門《じやうどもん》なり。

和文

それ、生死をはなれ、仏道を成就しようと思えば、仏道には二つの道がある。一つには聖道門と二つには浄土門である。

解説

釈尊一代の教えは、八万四千の法門といわれ数が多い。この釈尊のお説きになった法門、教え、真理に通ずる門を大別すると聖道門と浄土門の二つに分けることができる。

人生最大の課題は、生死いずべき道の探求である。その度脱《どだつ》方法、道に二門がある。

第二項　聖道門とは何か（仏の悟り、その智慧、教えを得る道）

本文

聖道門《しゃうだうもん》といふは、この娑婆世界《しゃばせかい》にありて、行をたて功《こう》をつみて今生《こむじゃう》に證《しょう》をとらむ《サトリヲヒラクナリ》とはげむなり。いはゆる眞言《しんごん》をおこなふともがらは卽身《そくしん》に大覺《かく》のくらゐに《ダイニチニヨライトナルナリ》のぼらむとおもひ、法華《ほふくゑ》をつとむるたぐひは今生《こむじゃう》に六根《こん》の證《しょう》をえむとねがふなり。まことに教《けう》の本意《ほんい》しるべけれども、末法《まちぼふ》にいたり濁世《ぢょくせ》のおよびぬれば、現身《げんしん》にさとりをうること億億《おくおく》の人の中に一人《にん》もありがたし。これによりていまの世《よ》にこの門《もん》をつとむる人は、即身《そくしん》《コノミニテ》の證《しょう》《サトリヲヒラクナリ》においてはみづから退屈《たいくつ》《シリゾクカゞマルトナリ》のこゝろをおこして、あるいははるかに慈尊《じそん》《ミロクブチナリ》の　下生《げしやう》《トソチヨリテンヂクニクダリタマフヲマフスナリ》を期して五十六億《おく》七千萬歳《まんざい》のあかつきのそらをのぞみ、あるいはとおく後佛《ごぶち》《ノチ〳〵ノホトケノミヨト》の出世《しゆちせ》をまちて　多《た》　生《しやう》《オホクタビ〳〵ムマル》　曠《くわう》　劫《ごふ》《ハルカナルヨヲキワマリナク》　流《る》　轉《てん》《ナガレウツリ》　生死《しやうじ》《ムマレシスルナリ》　のよるのくもにまとえり。あるいはわづかに靈《りやう》　山《ぜむ》《リヤウジユセン》　補《ふ》　陀《だ》　落《らく》《クワンオムノジヤウドシヤカノマシマシトコロナリ》　の靈地《れいち》《スグレタルトコロ》をねがひ、あるいはふたゝび天上人間《じやう》《ヒト、ムマル、ヲイフ》の　小《せう》　報《ほう》《チイサキクワホウトイフコトナリ》をのぞむ。結縁《けちえん》まことにとふとむべけれども、速證《そくしょう》《トクサトリヲヒラクトイフ》すでにむなしきににたり。ねがふところなほこれ三界《さむがい》のうち、のぞむところまた輪《りむ》《メグリメグル》　廻《ゑ》の報《ほう》なり。なにのゆへか、そこばくの行《ぎやう》業《ごふ》　慧《ゑ》《サトリサトル》　解《げ》をめぐらしてこの小報《せうほう》をのぞまむや。まことにこれ　大聖《だいしやう》《シヤカニヨライナリ》　をさることとおきにより、理《り》《ホフモンハフカシトイフコトナリ》ふかくさとりすくなきがいたすところか。

和文

聖道門《しょうどうもん》というのは、この人間の住む娑婆《しゃば》世界、この世にあって、悟りに到達する為の修行を積んで、その効果を得て、この世に生きている間に正法を習得して真実の理を体得し、真実のあかしを得んと励む。

いわゆる真言《しんごん》を行う輩《ともがら》は、この身のまま即大覚《だいかく》（悟り）の位に昇ろうと思い、法華《ほっけ》をつとめる類《たぐい》は、今生に六根《ろっこん》（六つの認識器官。眼《げん》、耳《に》、鼻《び》、舌《ぜつ》、身《しん》、意《い》の六識）の汚れが払われて、心身共に清らかになる正法《しょうほう》（永遠普遍の理法、正しい真理、仏の教え）を習得して、真実のあかしを得んと願う。

まことに仏が世の人を救う為に、それぞれの能力に応じて説いた教え、かねての願い、本来の意図を知るべきであるが、釈尊の入滅後久しく、仏の教えがすたれて、教法だけが残る末法、末世に至り、汚れ、けがれ、濁りはてた末の世に及んでは、この生きている身で悟りをひらくことは非常に多くの数の人の中に一人もあることが難しい稀なことである。

これによって、今の世にこの聖道の門をつとめる人は、この身のまま正法を習得して真実理を体得する際に自ら修行の苦しさ、むずかしさに負けて悟りを求めて精進努力する心を喪失して、あるいは、遥か遠くの大慈悲《だいじひ》の世尊《せそん》、弥勒菩薩《みろくぼさつ》が兜率天《とそつてん》より下ってこの娑婆世界に仏として現れ、釈尊の入滅から弥勒菩薩出世までの五十六億七千万歳の夜明けの空を望み、或いは遠い後の世に現れる仏の出世を待って何度もこの世に生まれかわる長い年月の生死を繰り返して果てしなく迷いつづける煩悩の雲に惑う。あるいは、釈尊説法の地、霊山観音《れいざんかんのん》の霊地《れいち》をねがい、あるいは再び天の神々の世間、人間界のわずかな果報をのぞむ。

仏道に入る縁、成仏得道の縁を結ぶことは、誠に尊ぶべきであるが、速やかに仏の悟りを得ることは空しく充実していない。願うところ尚、これ過去・現在・未来の三世のうちの生死輪廻《りんね》（車輪のまわるように生死を繰り返して果てしない生死流転の原因となる身《しん》、口《く》、意《い》、悪業、悪い行為一切の心身を悩ます妄念）むくい、業報《ごうほう》、善悪の行為の報いである。

何のゆえに、束縛の仏道修行、智慧の働きによって、物事を悟る慧解《えげ》をめぐらしてわずかな果報を望まんとするのか。

これ誠に大聖釈迦牟尼世尊《だいしょうしゃかむにせそん》去ること遠きにより、一切の貫く理法は深いが、悟る人少なきが致すところであろうか。

解説

聖道門は、この現実の娑婆世界で自力で修行して悟りを開こうとする教えである。釈尊の入滅後久しい今の末世の濁世にあっては、現身のまま悟りを得る人は億々の人の中に一人も存在しない。釈尊の入滅後、悠久の時が過ぎ去り教義が深遠で領解《りょうげ》（仏の教えを聞いてその心を理解）することが難しくなってしまっているからである。

第三項　浄土門とはなにか（念仏して浄土に往生する道）

本文

ふたつには浄土門《じゃうどもん》といふは、今生の行業《ぎゃうごふ》を廻向《ゑかう》して　順次生《じゅんじしゃう》《コノツギニムマレトナリ》に　淨土《じゃうど》にむまれて淨土《じゃうど》にして菩薩《ぼさち》の行を具足《ぐそく》して、佛にならんと願ずるなり。この門《もん》は末代《まちだい》の機《き》《シュジヤウナリ》にかなえり。まことにたくみなりとす。

和文

ふたつに浄土門というのは、この世に生きている間の今生《こんじょう》の行いをめぐらし、さし向け、この世の次の世に阿弥陀仏の極楽浄土に生まれかわって、その浄土にて利他救済に専念する菩薩行《ぼさつぎょう》を身につけて悟りを開いて、慈悲深い覚者（自ら目覚め、他を目覚めさせる者）になろうと願う。

この浄土門は、釈尊滅後遠く時をへだてた末の代の人の能力、心の持ちよう、縁があれば教えを受けて悟りを開くことのできる可能性、末代の機、時のきっかけにかなう誠に趣意をこらした巧みな考えであるとする。

解説

末世、末法の時代に生きる人々への往生極楽の道を説く。念仏往生である。阿弥陀の名号を称えて往生を願う。これは仏の本願に順ずるがゆえに正定の業『本願名号正定《ほんがんみょうごうしょうじょう》業《ごう》』（『正信偈』）他力の往生を名づける。

念仏行は、われらを浄土に往生せしめる業因《ごういん》（心身の活動、行為結果になる原因）であり、ひとえに弥陀の本願他力により救われゆく大道（道理、真実）であると、聖覚法印は説く。

第四項　浄土門の諸行往生《しょぎょうおうじょう》（自力の往生）念仏往生《ねんぶつおうじょう》（他力の往生）

本文

たゞしこの門にまたふたつのすぢわかれたり。ひとつには諸行《しょぎゃう》往生、ふたつには念佛往生《わうじゃう》なり。諸行《しょぎょう》往生といふは、あるいは父母《ぶも》に孝養《けうやう》し、あるいは師長《しちょう》に奉事《ぶじ》《ツカヘタテマツルトナリ》し、あるいは五戒・八戒をたもち、あるいは布施《ふせ》・忍辱《にんにく》《ヒトニモノヲトラセシノビハヅルヲイフ》を行《ぎょう》じ、乃至《ないし》《マダモノヲイハムトオモフトキイフコトバナリ》三蜜《さんみつ》・一乗《ゐちじょう》《ホフクヱキヤウナリ》の行をめぐらして浄土《じゃうど》に往生せむとねがふなり。これみな往生をとげざるにあらず、一切《ゐちさい》の行はみなこれ浄土の行なるがゆへに。たゞこれはみづから行をはげみて往生をねがふがゆへに自力の往生となづく、行業《ごふ》もしおろそかならば、往生とげがたし、かの阿彌陀佛の本願《ほんぐわん》にあらず、攝取《せふしゅ》の光明のてらさざるところなり。ふたつに念佛往生といふは、阿彌陀の名號《みゃうがう》をとなえて往生をねがふなり。これはかの佛の本願に順《じゅん》《シタガフ》ずるがゆへに正定《しゃうぢゃう》の業《ごふ》となづく。ひとえに彌陀の願力にひかるゝがゆへに佗力の往生となづく。

和文

ただし、この浄土門は二つの道理、方面に分かれている。一つには諸行往生《しょぎょうおうじょう》、ふたつには念仏往生《ねんぶつおうじょう》である。諸行往生というは、あるいは父母に孝行して親を養う、あるいは先達と目上の人等に仕える、あるいは在家の為の五種の戒、五戒《ごかい》（不殺生《ふせっしょう》・不偸盗《ふちゅうとう》・不邪淫《ふじゃいん》・不妄語《ふもうご》・不飲酒《ふおんじゅ》）、出家の戒、八戒《はっかい》（五戒に加え、化粧や歌舞に接しない、高くゆったりした床で寝ない、昼過ぎに食事をしない）を保ち、あるいは、布施《ふせ》（施す）。忍辱《にんにく》（耐え忍ぶ安らぎの心を持ち、怒りの心をおこさない）修行を実践、ないし三密《さんみつ》（秘密の身・口・意の行）、すべてのものを悟りに導く一乗《いちじょう》（すべてのものを乗せて悟りに赴かせる一つの乗物）の教え、その行をめぐらして浄土往生を願う。このことによって皆往生を遂げないということはない。

一切の行はみなこれ浄土の行であるがゆえである。ただこの実践は自らの行をはげんで往生を願うがゆえに、自力の往生と名付ける。

仏道の修行、行いが、もし、まばらで実が十分こもっていず、通り一遍であるならば、浄土往生はとげがたい。かの阿弥陀仏の本願《ほんがん》にあらず、仏が衆生を納め取って救う光の照らさざるところである。

ふたつには念仏往生というのは、阿弥陀仏の名号、念仏をとなえて浄土往生を願うことである。これはかの仏の本願に順ずるがゆえに往生が定まり、必ず悟りを開くことができる真実信心を得た人の行いである。正定《しょうじょう》の業《ごう》（浄土の往生を決定する行為、真実信心を得た人たち）と名づく。ひとえに弥陀の願力によるがゆえに、他力の往生と名づくのである。

解説

諸行往生《しょぎょうおうじょう》、自力《じりき》で往生を願うものは、行業《ぎょうごう》がおろそかであり、浄土往生は困難である。阿弥陀仏の本願にあらず、摂取《せっしゅ》の光明の照らさざるところであるからと説示《せつじ》（説き示す）する。

念仏往生は、念仏、弥陀の名号をとなえて極楽往生を願うことであり、正定の業であり、仏の本願に順ずるから、必ず他力の往生、悟りを開くことができる。

第二章　仏願生起《ぶつがんしょうき》　衆生救済の誓願の起こり

第一節　阿弥陀仏の四十八願の起った根本理由、いわれとその願いを完成した修行とその帰結

第一項　なぜ名号（南無阿弥陀仏）を称えると阿弥陀仏の本願の心にかなうのか

本文

そも〳〵名號《がう》をとなふるは、なにのゆへにかの佛の本願にかなふとはいふぞといふに、そのことのおこりは、阿彌陀如來いまだ佛になりたまはざりしむかし、法藏比丘《ほふざう》とまふしき。そのときに佛ましましき、世自在王佛とまふしき。法藏比丘すでに菩提心《ぼだいしむ》をおこして、清淨の國土をしめて、衆生を利益せむとおぼして、佛のみもとへまいりてまふしたまはく、われすでに菩提心をおこして、清淨の佛國《こく》をまふけむとおもふ、ねがわくは佛、わがためにひろく佛國《こく》を莊嚴《しやうごむ》する无量《むりやう》の妙行をおしえたまへと。そのときに世自在王佛、二百一十億《おく》の諸佛の淨土の人天の善惡《あく》、國土《こくど》の麁妙《そめう》をこと〴〵くこれをとき、こと〴〵くこれを現《げん》じたまひき。法藏比丘これをきゝ、これをみて、惡をえらびて善をとり、麁《そ》をすてゝ、妙《めう》をねがふ。たとへば三惡道《さむあくだう》ある國土《こくど》おばこれをえらびてとらず、三惡道《さむまく》なき世界おばこれをね

がひてすなわちとる。自餘《じよ》の願《ぐわん》《ノコリノグワンヲエラビトルカクノゴトシトナリ》もこれになずらえてこゝろをうべし。このゆへに二百一十億《おく》の諸佛《しょぶち》の淨土の中《なか》より、すぐれたることをえらびとりて極樂世界《ごくらくせかい》を建立《こんりふ》《ツクリタツルトナリ》したまへり。たとへばやなぎのえだにさくらのはなをさかせ、ふたみのうらにきよみがせきをならべたらむがごとし。これをえらぶこと一期《ご》の按《あん》にあらず、五劫《こふ》のあいだ思惟《しゆい》したまえり。かくのごとく微妙嚴淨《みめうごむじやう》《ヨクヨキカザリキヨキトナリ》の國土《こくど》をまうけむと願じて、かさねて思惟《しゆい》したまはく、國土《こくど》をまうくることは衆生《しゆじやう》をみちびかむがためなり、國土《こくど》たえなりといふとも、衆生むまれがたくは大《だい》悲大願《ひだいぐわん》《コ、ロ》の意趣《いしゆ》《オモムキ》にたがひなむとす。これによりて往生極樂《ごくらく》の別因《べちいん》《タネ》をさだめむとするに、一切の行みなたやすからず。孝養《けうやう》父母をとらむとすれば不孝《ふけう》のものはむまるべからず、讀誦《どくじゆ》《キヤウヲヨムヲイフナリ》大乘《だいじやう》をもちゐむとすれば文句《もんく》をしらざるものはのぞみがたし、布施《ふせ》《ヒトニモノヲトラス》・持戒《じかい》を因《いん》とさだめむとすれば慳貪《けむどむ》《オシムムサボル》・破戒《はかい》のともがらはもれなむとす、忍辱《にんにく》《シノブルコ、ロナリ》・精進《しやうじん》《モハラス、ム》を業《ごふ》とせむとすれば瞋《しん》《オモノイカリ》・恚《い》《コ、ロノイカリ》・懈怠《けだい》《オコタルコ、ロナリ》のたぐひはすてられぬべし。餘《よ》の一切《ゐちさい》の行みなまたかくのごとし。これによりて一切の善惡《ぜんあく》の凡夫《ぼんぶ》、ひとしくむまれ、ともにねがはしめむがために、たゞ阿《わ》彌陀《みだ》の三字《さむじ》の名號《みやうがう》をとなえむを往生極樂《ごくらく》の別因《べちいん》とせむと、五劫《こふ》のあひだふかくこのことを思惟《しゆい》しおはりて、まづ第《だい》十七に諸佛にわが名字《みやうじ》をしょうやう稱揚《トナヘラレホメラレムトイフ》せられむといふ願をおこしたまへり。この願ふかくこれをこゝろふべし。名號《がう》をもてあまねく衆生をみちびかむとおぼしめすゆへに、かつ〳〵名号をほめられむとちかひたまへるなり。しからずば佛の御《おむ》こゝろに名譽《めいよ》をねがふべからず、諸佛《しょぶち》にほめられてなにの要《えう》かあらむ。

如來《にょらい》尊號《そんがう》《ホメラル、トイフ》甚分明《じむふんみゃう》　十方《じふぱう》世界《せかい》普流行《ふるぎゃう》　但有《たんう》稱　名《しょうみゃう》皆得往《かいとくわう》　觀音《くわんおむ》勢至《せいし》自來迎《じらいかう》（五會法事讃卷本）

といえる、このこゝろか、

和文

一体、名号（念仏）をとなえると、何のゆえに、かの仏の本願にかなうかというと、そのことのおこりは、阿弥陀如来がまだ仏にならぬ修行時代の昔、法蔵菩薩《ほうぞうぼさつ》と申された。その時、世自在王仏《せじざいおうぶつ》という王がいらした。法蔵比丘《ほうぞうびく》は、すでに往生を願う心、つまり悟りを求めると共に世の人を救おうとする菩提心《ぼだいしん》を発願《ほっかん》して、清らかでけがれのない国土において、衆生、有情人々の利益をお考えになられ、その世自在王仏のみ前にておっしゃられた。

「私はすでに菩提心《ぼだいしん》をおこし清浄《しょじょう》の仏国《ぶっこく》を設けんと思う。願わくは仏、私の為に、ひろく仏国を荘厳するはかり知れない真実の行である阿弥陀仏の廻向の念仏を教え、拝見させて頂きたい」と。

その時、世自在王仏、二百一十億の諸仏の浄土の人天の善悪・国土の粗雑なことと勝れていること、荒々しいことと微妙でかすかなことをことごとく説き、ことごとくこれをお現しになすった。

法蔵比丘《ほうぞうびく》はこれを聞き、これを見て、悪を選び捨てて善なるをとり、あらいこと、きめこまかでないと粗雑なことを捨てて、きわめてすぐれていること、言葉で言い表せられない程すばらしい不思議なことを願った。

たとえば人々が自らの業によっておもむ生存の状態、悪業の結果堕ちる地獄道《じごくどう》・餓鬼《がき》道《どう》・畜生道《ちくしょうどう》のある国土をば選び取らず、三悪道《さんあくどう》なき世界をば願い、即ち取る。このほかの願いも肩をならべ同類とみなし心得るべきである。このゆえに二百一十億の諸仏《しょぶつ》の浄土《じょうど》の中よりすぐれたることを選びとり、極楽世界《ごくらくせかい》を建立したのである。

たとえば柳の枝に桜の花を咲かせ、二見ガ浦（伊勢湾の名勝地）に清見ヶ関（平安時代、静岡県清水市清水寺の地にあった関）を並べたごとく、これを選ぶこと人の生まれてから死ぬまでの生涯の思惟ではない。五劫にわたり思惟し考えぬいた案である。

このように、言うに言われない程見事でおごそかに清らかな国土を設けんと願い重ねて思惟し、国土を設けることは諸人を導かんが為である。国土がすぐれているというとも、人々が生まれがたいのであれば、阿弥陀仏の大慈悲《だいじひ》の心がおこした、衆生救済《しゅじょうきゅうさい》の四十八の念願の趣旨に異なることになる。

これによって往生極楽の別個の原因、特に必要な特別な条件を定めようとすると、すべての行は容易であり、わけなくできるというわけではない。

父母の親孝行、養育をとろうとすれば、親につかえる道をまもらない孝行でないものは、極楽に生まれることができない。大乗経典《だいじょうきょうてん》を読誦《どくじゅ》することを用いようとすれば、経文を知らぬ者は極楽を望み難い。布施《ふせ》・持戒《じかい》・戒律《かいりつ》を守ることを往生の因と定めようとすれば、けちで欲深く、物を惜しみ、むさぼる（慳貪《けんどん》）破戒《はかい》のともがらは、往生の望みから漏れてしまう。忍辱《にんにく》、苦難や迫害等に耐え安らぎの心を持ち、慈悲《じひ》の心にて、怒りの心をおこさない。ひたすら仏道修行に励む精進、身心の活動行為を往生の因《たね》としようとすれば、瞋恚《しんに》（自分の心に違うものを怒りうらむ）・懈怠《けたい》（仏道修行となる行為に対し、なまけ怠る）の類は捨てられるであろう。そのほかのすべて行《ぎょう》はみな、またこのようである。

これによって、一切の善悪の凡夫が浄土に等しく生まれ、共に浄土往生《じょうどおうじょう》を願わす為に、ただ阿弥陀《あみだ》の三字の名号を称えることを、往生極楽の別個の原因としようと、五劫《こう》の間深くこのことを思惟し終わって、まず阿弥陀仏の第十七願に、諸仏に名号をほめたたえられるという誓い願いをおこし、この願いをふかく心得るべきである、名号をもってすべての人々を導こうとお考えになり、思われたがゆえに、とにかく名号をほめたたえ称《とな》えられよとお誓いになった。

そうでなければ仏の御心《みこころ》に、世の称讃《しょうさん》をうること、ほめられることは願うべきでない。諸仏にほめられて、いかなる出離の要道が存在するのだろうか。

「如来尊号甚分明《にょらいそんごうじんぶんみょう》」無礙光如来《むげこうにょらい》、阿弥陀仏は、尊くすぐれていて、すべて人を人ごとに資質に応じて分けること明らかである

「十方世界普流行《じっぽうせかいふるぎょう》」十方の数限りない多くの世界に、あまねく広まりゆくように念仏をすすめ行わせる

「但有称名皆得往《たんうしょうみょうかいとくおう》」ひたすら称名（仏の名をとなえる）すべて人だけが皆極楽に往生する

「観音勢至自来迎《かんのんせいしじらいごう》」

観音勢至は、かならず影の形に添うように念仏の人の身に添い、みずから時をきらわず処を距てず真実信心を得た人に付き添われてお護りになる。汚れた世を捨てて真実の浄土に来させ、さとりを自然に開いて法性の都にかえる

というこの心か。

（『五会法事讃』）

解説

聖覚法印《せいかくほういん》が、第十七願に注目し、名号をもって一切の衆生を導かんと諸仏による名号の称讃《しょうさん》、讃嘆《さんたん》が誓われているのが第十七願である。十方諸仏の名号讃嘆により、如来の尊号は、十方世界に流布し、諸人にとどけられ人々の信心《しんじん》称名《しょうみょう》となるのである。

第二項　念仏往生の願い

仏を念じて往生する。阿弥陀仏を信じ、一心に念仏を称え極楽に往生するその願い。

本文

さてつぎに、第十八に念佛往生の願をおこして、十念のものおもみちびかむとのたまへり。まことにつら〱これをおもふに、この願はなはだ弘深《ぐじむ》《ヒロクフカシ》なり。名号《がう》はわづかに三字《さむじ》なれば、盤特《はんどく》《ホトケノミデシナリクチノヒトナリキ》がともがらなりともたもちやすくこれをとなふるに、行住座臥《ぎやうじゆざぐわ》《アルクタ、ルヰルフス》をえらばず時處諸縁《じしよしよゑん》《トキトコロヨロヅノコト、イフナリ》をきらはず、在家《ざいけ》《オトコ》・出家《しゆちけ》《ソウ》、若男若女《にやくなむにやくによ》《ワカキオトコワカキオムナ》・老小《らうせう》《オイタルオサナ》、善悪の人《ひと》おもわかず、なに人《びと》かこれにもれむ。

彼佛因中立弘誓《ひぶちいんちうりふぐぜい》　聞名念我惣迎來《もんみやうねむがそうかうらい》《本願名號ヲモテ攝取シムカエ下フトナリ》
不簡貧窮將富貴《ふけんびんぐしやうふくゐ》　不簡下智與高才《ふけんげちよかうさい》
不簡多聞持淨戒《ふけんたもんぢじやうかい》　不簡破戒罪根深《ふけんはかいざいこんじむ》
但使廻心多念佛《たんしゑた》　能令瓦礫變成金《のうりやうぐわりやくへんじやうこむ》（五會法事讃卷本）

このこゝろか。これを念佛往生とす。

和文

さて次に第十八願、念仏往生の願をおこして、十念《じゆうねん》（十回念仏を称えただけ）の者をも浄土に生まれさせると誓われ、言い聞かせおっしゃられた。いつわりなく、よくよく念入りに念仏往生の願を思うに、この願は非常に弘く深い。名号《みょうごう》はわずか六文字であるが、仏の弟子であり、愚知の人たち同輩者にも保ち易く、名号を称えるに行住座臥《ぎょうじゅうざが》即ちすべて動作の基本、歩くこと、止まること、座ること、臥すことの四つを選ばず、時ところ諸縁を嫌わず、在家・出家、老若男女、善悪の人をも分かたず、何人《なにびと》か第十八願念仏往生《ねんぶつおうじょう》の願にもれるであろうか。

「彼仏因中《ひぶついんちゅう》 立弘誓《りゅうぐぜい》」

阿弥陀仏が法蔵菩薩であった修行時代、超世のこの上ない誓いをおこして、広く世にひろめられ

「聞名念我総迎来《もんみょうねんがそうこうらい》」

如来の誓いの名号を聞いて、信心まことの人は、本願をつねに憶念すること常にたえず、すべて人々を法性《ほうしょう》の都《みやこ》（浄土）に迎え、率いて法性の都へ帰らせる

「不簡貧窮将富貴《ふけんびんぐしょうふき》」

貧しく苦しみ困っている人を嫌わず、まさに率いていく。裕福な人、身分の高い人を、

分け隔てなく嫌わず、浄土へ連れていく
「不簡下智与高才《ふけんげちよこうさい》」
智慧の浅く狭く少ない者、才覚や学問のひろい者を分け隔てなく嫌わず
「不簡多聞持浄戒《ふけんたもんじじょうかい》」
尊い教えを広く沢山聞いて信じ保つ。学ぶ心を失わず散らさず、五戒、八戒、十善戒《じゅうぜんかい》、小乗の具足戒《ぐそくかい》、大乗の三聚浄戒《さんじゅじょうかい》、五十八戒等すべての戒律をまもる。これらの大小の戒を保つ立派な人々も、他力の真実の信心を得て後に、はじめて真実の浄土に往生を遂げることができる。自らに適したおのおのの戒を守ることや、おのおのの自力の信、自力の善にては、真実の報土、浄土往生ができない。
「不簡破戒罪根深《ふけんはかいざいこんじん》」
戒を受けながらよろずの戒を破り捨てた者、十悪五逆の悪人、謗法闡提《ほうぼうせんだい》（仏の教え正法をそしり、成仏する因をもない）の罪人、善根（善い果報を招くと思われる善の業因）少なき者、苦果を招く原因となる身《しん》、口《く》、意《い》による悪い行為、前世の悪事、悪業多き者、罪深き人を嫌わず、分け隔てなく、真実の信楽をうる者を浄土へ迎え帰らせる

「但使回心多念仏《たんしえしんたねんぶつ》」

ひとえに自力の心をひるがえし捨て、ひとえに廻心《えしん》して、念仏を称え名号を信楽し、真実浄土に生まれる人念仏者は

「能令瓦礫変成金《のうりょうがりゃくへんじょうこん》」

如来の本願を信ずることで、いし、かわら、つぶてのごとくなるわれらをこがねにかえて、如来は必ず摂取して仏のさとりを開かせる。阿弥陀仏がお心に摂め取りなさる。

『五会法事讃』にあるこの心、これを念仏往生《ねんぶつおうじょう》とするのである。

解説

聖覚《せいかく》法印は、善導《ぜんどう》大師、法然《ほうねん》上人の法灯を受けつぎ、他力の称名念仏、十念を浄土往生の正因として開顕《かいけん》している。第十八願他力の称名念仏《しょうみょうねんぶつ》は、行住座臥《ぎょうじゅうざが》、時処諸縁《じしょしょえん》をきらわず、老若男女、善悪無碍の往生法である旨を詮顕している。

念仏往生の第十八願は、広大な慈悲の誓願である。わずか六文字の名号である。貧しき者も富める者も、愚かな者も賢き者も選ばない。聖教を説く者も、戒を守る者も選ばない。

悪行多き者も、成仏の因なき者も選ばず、すべての者を救いたもう。十回念仏しただけの者も浄土に生まれさせると誓われた。

第三項　難行道《なんぎょうどう》　易行道《いぎょうどう》

自力で長い間修行して悟りを開く道と阿弥陀仏の本願の念仏を唱えて浄土に往生する道を説く難易二道《なんいにどう》の教え

本文

龍樹菩薩《りうじゅぼさち》の『十住毘婆沙論《ぢゅうびばしゃろん》』（易行品）の中に、佛道を行ずるに難行道《なんぎゃうだう》・易行道《いぎゃうだう》あり。難行道《なんぎゃうだう》といふは、陸路《ろくろ》《クガミチ》をかちよりゆかむがごとし、易行道といふは、海路《かいろ》に順風《じゅんぷ》をえたるがごとし。難行道といふは、五濁世にありて不退《ふたい》のくらゐにかなはむとおもふなり、易行道といふは、たゞ佛を信ずる因縁《いんねん》のゆへに淨土に往生するなりといへり。難行道《なんぎゃうだう》といふは聖道《しゃうだう》門なり、易行道といふは淨土《じゃうど》門なり。わたくしにいはく、淨土門《どもん》にいりて諸行《しょぎゃう》往生をつとむ人は、海路《かいろ》にふねにのりながら順風《じゅんぷ》をえず、ろをおしちからをいれて、しほじをさかのぼり、なみまをわくるにたとふべきか。

和文

龍樹菩薩《りゅうじゅぼさつ》の『十住毘婆沙論《じゅうじゅうびばしゃろん》』（易行品）の中に仏道を行う道に難行道《なんぎょうどう》と易行道《いぎょうどう》がある。難行道というのは、陸路を徒歩にて行くが如くである。易行道というのは、海路に帆をあげた船が追い風を得て進むが如くである。難行道というのは、五濁世《ごじょくせ》の汚れた末世《まっせ》にあっては志をかたく保持しても不退《ふたい》の楽土《らくど》に住することがかなえられないと思うべきである。易行道というのは、ただ阿弥陀如来の願力を信ずる直接的な原因（因）と間接的な条件（縁）それから結果（果）が生じ、極楽に往生するのであるといえる。難行道と言うのは、聖道門《しょうどうもん》である。易行道というのは浄土門のことである。浄土門に入って諸行往生を努める人は、海路の船に乗りながら順風を得ず櫓《ろ》をおし力を入れて潮の流れをさかのぼり波間をかきわけて進むのに例えるべきであろうか。

解説

龍樹菩薩《りゅうじゅぼさつ》の『十住毘婆沙論』易行品《いぎょうぼん》所説の難易《なんい》二道判の文を引用し、聖道門は難行道、浄土門は易行道、海路に順風を得たるが如し。浄土門に入りながら念仏往生を選ばず諸行往生を選ぶ人は、海上の船に乗りながら、風を利用せず艪《ろ》を力いっぱい漕ぎ、潮路《しおじ》をさかのぼり、波間をかき分け進む人に喩《たと》うべきであろうか。

第二節　専雑《せんぞう》（専修《せんじゅ》と雑修《ざつしゅ》）の二行の真偽を明らかにし易行《いぎょう》の念仏《ねんぶつ》を勧《すす》める

第一項　念仏往生の門　阿弥陀仏を念じて往生する方法

余仏、余行をたよりにせず、ひとえに弥陀一仏を念ずること

本文

つぎにこの念佛往生の門につきて、専修《せんじゅ》・雑修《ざふしゅ》の二行わかれたり。専修《せんじゅ》といふは、極樂《ごくらく》をねがふこゝろをおこし、本願をたのむ信《しん》をおこすより、たゞ念佛の一行《ゐちぎゃう》をつとめて、ま

たく餘《よ》行をまじえざるなり。佗《た》の經咒《きやうじゆ》おもたもたず、餘《よ》の佛・菩薩おも念ぜず、たゞ彌陀の名號《みやうがう》をとなえ、ひとへに彌陀一佛を念ずる、これを專修《せんじゆ》となづく。雜修といふは、念佛をむねとすといえども、また餘《よ》の行《ぎやう》おもならべ、他《た》の善《ぜん》おもかねたるなり。このふたつの中には、專修《せんじゆ》をすぐれたりとす。そのゆへは、すでにひとへに極樂《ごくらく》をねがふ、かの土《ど》の教《けう》主《しゆ》を念ぜむほか、なにのゆへか他事《たじ》をまじえむ。電光《でんくわう》《イナビカリ》・朝露《てうろ》《アシタノツユ》のいのち、芭蕉《ばせう》《クサノナヽリ》・泡沫《はうまち》《ミヅノアワ》の身《み》、わづかに一世の勤修《ごむしゆ》をもちて、たちまちに五趣《ごしゆ》の古鄕《こきやう》《フルキサト》をはなれむとす。あにゆるく諸《しよ》行をかねむや。諸佛《しよぶち》・菩薩《ぼさち》の結緣《けちえん》は隨心供佛《ずいしむくぶち》のあしたを期《ご》すべし、大小經典《だいせうきやうてん》《ホフモンノサタヲスルナリヲイウ》の義理《ぎり》、百法明門《ひやくほふみやうもん》《ヨロズノホウトイウ》のゆふべをまつべし。

一土《ゐちど》《ゴクラクナリ》をねがい一仏《いちぶつ》《アミダボトケナリ》を念ずるほかは、その用《よう》あるべからずといふなり。

念仏の門にいりながら、なお余行《よぎやう》をかねたる人《ひと》は、そのこゝろをたずぬるに、おの〳〵本業《ほんごう》《モトセシユコトヲイウナリ》を執《しふ》じてすてがたくおもふなり。あるいは、一乘《ゐちじやう》《ホフクヱキヤウナリ》をたもち三密《さむみつ》《シンゴンシユウナリ》を行ずる人、おのおのその行を回向《ゐかう》して浄土《じやうど》をねがはむとおもふこゝろをあらためず、念仏にならべてこれをつとむるになにのとがゝあらむとおもふなり。たゞちに本願《ほんがん》に順《じゆん》《シタガフ》ぜる易行《いぎやう》の念仏をつとめずして、なお、本願にえらばれし諸行をならべむことのよしなきなり。これによりて、善導《ぜんどう》和尚《かしょう》ののたまわく（禮讃）、専《せん》をすてて雑《ぞふ》におもむくものは、千《せん》の中《なか》に一人《ゐちにん》もむまれず、もし専修《せんじゅ》のものは、百《ひゃく》に百ながらむまれ、千に千ながらむまるといえり。

和文

次に念仏往生の門については専修《せんじゅ》・雑修《ざつしゅ》の二行にわかれている。専修というのは、極楽をねがう心をおこし、本願をたのむ信をおこすことにより、ただ念仏の一行をつとめて、まったく余行、念仏以外の修行法をまじえない。他の経典、まじない、呪文をも保たず、阿弥陀仏以外の余の仏・菩薩をも念ずることなく、ただ弥陀の名号をとなえ、ひとえに弥陀一仏を念ずる。これを専修《せんじゅ》と名づけるのである。雑修というのは、念仏を趣意とするといえども念仏以外の行をもならべて、他の善をもかねる。

この二つの中では専修がすぐれている。その理由は、まぎれもなく、ひとえに極楽をねがう。かの極楽の教主阿弥陀如来を念ずるほかに、いかなる理由があってほかのことを交えるのか。

いなずまや朝つゆのように、人生ははかなく消えやすい。電光朝露《でんこうちょうろ》の如きいのちである。芭蕉泡沫《ばしょうほうまつ》のはかない身（芭蕉は破れやすく泡沫は生じてもすぐ消える）少しばかりの一生涯の修行をもって、早速五悪趣のふる里を離れようとする。なんで、諸行をかねるのであろう。

諸仏菩薩と成仏得道《じょうぶつとくどう》の因縁を結ぶことは、極楽に往生した人が思いのまま仏を供養する明日をきっと期待するに違いない。長短の経典の道理は、百法明門《ひゃっぽうみょうもん》（すべての仏法に通づる）の夕べを待つべきである。一国土を願い、弥陀一仏を念ずるほか役に立つ有用はあるはずがない。

念仏の門に入りながら尚、念仏以外の余行を兼ねる人は、その心をたずねると、おのおのかって、行った行為に執着して捨て難く思うのである。あるいは一乗の教えを保ち、身・口・意の三密を行ずる人、おのおのその行を回向しめぐらして浄土を願おうと思う心を改めず、念仏に並べてこの行をつとめるに、何の責められるべき行為があるかと思うであろう。ただちに、本願《ほんがん》に順ずる易行《いぎょう》の念仏をつとめずして、尚本願に選ばれた諸行《しょぎょう》を並べて行うことの理由、意義はない。

これによって善導和尚《ぜんどうおしょう》のおっしゃるのには「専《せん》をすてて雑《ぞう》に趣《つ》く者は千人の中に一人も

極楽浄土に生まれず、もし専修の者は百人に百人ながら極楽浄土に生まれ、千人に千人ながら皆、極楽浄土に生まれる」（『往生礼讃意』）と言うのである。

解説

専修、雑修の真偽を明らかにし、専修を勝れたりとする。

余仏《よぶつ》、余行《よぎょう》をたよりとせず、本願一実《ほんがんいちじつ》の信仰、念仏の一行《いちぎょう》をつとめよとすすめる。専修は、ひとえに弥陀一仏《みだいちぶつ》を念ずる。極楽を願う心をおこし、弥陀の本願を信じ弥陀念仏の一行を修し、余行をまじえない。ひとえに極楽を願う。第十八願の称名念仏一行《しょうみょうねんぶついちぎょう》を選びとられたのである。

第二項　二種の得失《とくしつ》

専修（もっぱら称名の一行を修すること）をすぐれているとほめ、念仏一行をつとめよと勧める、雑修（浄土に往生するためにいろいろな行業をまじえて修すること）を嫌う

本文

「極楽《ごくらく》無為《むゐ》涅槃界《ねちはんがい》　随縁《ずいゑん》雑善《ぞふぜん》恐難生《くなんしやう》
故使《こし》如来《にょらい》選要法《せんえうほふ》　教念《けうねむ》弥陀《みだ》専復専《せんぶせん》」（法事讃・巻下）

といへり。随縁の雑善ときらへるは本業《ほんごう》を執《しゅう》ずるこゝろなり《モトモテルコトヲステヌコヽロナリ》。たとへば、みやづかえをせんに、主君《しゅくん》にちかづきこれをたのみてひとすぢに忠節《ちうせち》を尽すべきに、まさしき主君《しゅくん》にしたしみながら、かねてまたうとくとおきひとにこゝろざしをつくして、この人《ひと》、主君《しゅくん》にあひてよきさまにいはんことを求《もと》めむがごとし。たゞちにつかへたらむと、勝劣《しょうれつ》あらは《マサリオトルコトナリ》にしりぬべし。二心《にしん》あると一心《いっしん》なると《フタゴヽロナルナリ》、天地《てんち》はるかにことなるべし。

これにつきて人うたがひなさく、たとへば人ありて念仏の行をたてゝ毎日《ヒゴトニトイフ》に一萬遍《まんべん》をとなえて、そのほかはひめもす《終日》にあそびくらし、よもすがらねぶ《眼》りをらむと、またおなじく一萬《まん》をもふして、そのゝち経《きゃう》おもよみ余佛《よぶち》おも念ぜむと、いづれかすぐれたるべき。『法《ほう》華《くゑ》』に「〈即往安楽《そくおうあんらく》〉」の文《もん》あり、これをよまむにあそびたはぶれにおなじからむや。『薬《やく》師《し》』には八菩薩《はちぼさち》の引導《いんだう》あり、これを念ぜむはむなしくねぶ《眼》らむにになるべからず。かれを専《せん》修《じゅ》とほめ、これを雑修《ざつじゅ》ときらはむこと、いまだそのこゝろをえずと。いままたこれを按《あん》ずるに、なほ専修《せんじゅ》をすぐれたりとす。そのゆへは、もとり濁世《ぢょくせ》の凡夫《ぼんぷ》なり、ことにふれてさわりおほし、弥陀《みだ》これをかゞみて易行《いぎょう》の道《だう》をおしえたまへり。ひめもすにあそびたはぶるゝは、散乱増《さんらんぞう》《チリミダルコヽロナリ》のものなり。よもすがらねぶるは、睡眠増《すいめんぞう》《ネブリシゲキミナリ》のものなり、これみな煩悩《ぼむなう》の所《しょ》為《ゐ》なり。たちがたく伏《ぶく》《シタガフル》しがたし、あそびやまば念佛をとなへ、ねぶりさめば本願《ほんぐわん》をおもひいづべし。専修《せんじゅ》の行《ぎょう》にそむかず。一萬偏《ゐちまんべん》をとなえてそのゝちに他経《たきょう》・他佛《たぶち》を持念《ぢねん》《タモチオム》せむは、うちきくところたくみなれども、念仏たれか一萬偏《まんべん》にかぎれと定《さだ》めし、精進《しょうじん》《コノミスヽム》の機《き》ならば、ひめもすにとなふべし、念珠《ねむじゅ》《スヽナリ》をとらば弥陀《みだ》の名號《みょうごう》をとなふべし。本尊にむかはゞ弥陀の形《ぎやう》像《ざう》にむかふべし。たゞちに弥陀の来迎《らいかう》をまつべし。なにのゆへか八菩薩《はちぼさち》の示路《じろ》《ミチシルベナリ》をまたむ。もはら本願の引導《いんだう》をたのむべし、わづらはしく一乗《じょう》の功能《くのう》をかるべからず。行者の根性に上中下あり、上根のものはよもすがらひぐらし念佛をもふすべし、なにのいとまにかは、餘仏を念ぜん。ふかくこれをおもふべし、みだりがはしくうたがふべからず。

和文

「極楽無為涅槃界《ごくらくむいねはんかい》」

極楽とは彼の安楽浄土で、そこにはすべての楽しみがいつもあり、苦しみがまじることがない。安養ともいう。真理に暗い愚かさの惑いをくつがえして、この上ない仏のさとりを開く境界、極楽浄土、無為涅槃界である。

「随縁雑善恐難生《ずいえんぞうぜんくなんしょう》」

人々が各々の縁に従って各々の心のままに様々な善を修し、それを極楽に生まれる手立てとして廻らし差し向ける。これらはみな自力の善根功徳であるから、これによって自力の善をもっては真実の浄土に生まれることができないと嫌われ、生まれることが難しいと、化土《けど》懈慢界《けまんかい》、疑城胎宮《ぎじょうたいぐ》に生まれることを恐れる。極楽浄土の往生を願う者のうち、仏の智慧を疑って自力に頼ろうとする者は、辺地化土（仏の教えの行きわたらない土地に仮に方便をもって現わした浄土）国土に生まれる。その国土は、快楽に満ちており人は、それに溺れて懈怠《けたい》と驕慢《きょうまん》の心をおこすという。

「故使如来選要法《こしにょらいせんようほう》」

釈迦如来が一切の善の中から阿弥陀仏の御名を選び取り、五濁に満ちた悪い時代と悪い世界の悪い人たち、更には邪見・無信の人たちにお与えになったのだと知らねばならない。

広く多くのものから選び、ひたすら求め約束するということで、法は仏の御名《みな》である。

「教念弥陀専復専《きょうねんみだせんぶせん》」

釈尊の仰せに心を思い定めて、本願の御名をただひたすら称えなさいと教える。一つのこと、一つの心をひたすらにしなさい。二心があってはならない。そうした心のないことを専《せん》といい、一つのことを行う一心《いっしん》の人を、仏は摂め取ってお捨てにならないから阿弥陀と名付けるのであると仰せられた。（善導『法事讃』）

縁に従って行った自力の善によって浄土に生まれることは、恐らく生じ難い。嫌うのは、もと行った行為、かつて以前にした行為に深く囚《とら》われる心である。

たとえば宮中にて宮仕えをしようと主君《しゅくん》たちに近づき頼んでひとすじに忠節《ちゅうせつ》を尽くすべきであるのに、まさしき主君に親しみながら富裕な人徳のある人、血縁関係が薄い人に志を尽くして、この人、主君にあって、よき様に言ってもらえるように求めるが如しである。ただちに仕えただろうと、きっと勝劣をあらわにするだろう。二心あるのと一心であるのと、天と地とはるかに異なることは最もである。

これについて人疑をなして「たとえば人あって、念仏の行をたてて毎日一万遍をとなえて、そのほかは終日遊び暮らし、夜もずっと眠りいて、また同じく一万遍申して、その後経をも読み、阿弥陀仏以外の仏を念ずるのと、いずれがすぐれているであろうか。『法華経《ほっけきょう》』に「即往安楽《そくおうあんらく》」の文がある。これを読むのに、遊び戯れているのと同じであろうか。

『薬師本願経《やくしほんがんきょう》』には、薬師如来のみ名を聞けば、この世のいのちが終わる時、八菩薩《はちぼさつ》（宝檀花《ほうだんけ》・文殊《もんじゅ》・薬上《やくじょう》・薬王《やくおう》・観音《かんのん》・勢至《せいし》・弥勒《みろく》・無尽意《むじんい》）が来て、引導《いんどう》があり、阿弥陀如来の浄土まで導き入れると説かれている。これを念ずることと、ぶらぶらしてむなしく眠るのとは一緒にできない。ぶらぶらしているかれを専修とほめ、四六時中行じている方、これを雑修と嫌うのは合点がいかないと、今またこの疑問について思案して見たが、やはり専修がすぐれているといわねばならない。

そのゆえは、われらは濁世《じょくせ》の凡夫《ぼんぶ》である。ことあるごとに触れて障《さわ》りが多い身である。弥陀如来はこれを鑑《かんが》みて易行の道を教えられた。

終日遊び戯れる者は散乱増《さんらんぞう》という。心が乱れ、煩悩のために色等の六境に心を奪われて心が一時も安定せぬ、落ちつきのない人である。夜もずっと一晩中眠る者は、睡眠増《すいみんぞう》という怠け者である。眠《ねむ》りは、活動を休止している意識《いしき》の喪失《そうしつ》を伴う状態である。

これみな煩悩《ぼんのう》の仕業《しわざ》である。この煩悩を断つことが難しく、伏《ふ》せることも難しい。遊びが終わった時に、念仏をとなえ、眠りから覚めたならば大悲の本願を思い出すべきである。

専修の行に背《そむ》かず一万遍念仏《いちまんべんねんぶつ》をとなえて、その後他の経を読んだり他の仏を念ずることは、ふと聞くと、上等なことをしているように思えるが、誰が念仏を一万遍称えよと定めたのであろうか。

ひたすら仏道修行に励む気持ちのある人は、終日念仏を称えてもよいし、念珠を手に取らば、弥陀の名号を称えるのがよい。本尊《ほんぞん》に向かわば弥陀《みだ》の御木仏《おもくぶつ》、仏像に向かってお姿を礼拝するべきである。

極楽浄土に導き極楽に生まれさせる阿弥陀仏を頼むべきである。

八菩薩の浄土への先導《せんどう》、道案内《みちあんない》をなぜ待つのであろうか。専ら本願《ほんがん》の引導《いんどう》（教え導き）救済を頼み、煩わしく、『法華経』等を頼りにしてはならい。

仏道を行ずる行者のその人の根本的な性質、根性、能力に上・中・下がある。すぐれた宗教的素質のあるもの、根気のよいもの、上根《じょうこん》の能力の者は、日暮れから夜明けまで夜通し、夜もすがら念仏を申すべきである。朝から夕暮れまで一日中念仏している者には、阿弥陀仏以外の仏、余仏《よぶつ》を念ずるひまなどない。何の暇、それをするのに必要な時間のゆとり、休み等はない。このことを重々しく思うべきである。自分のはからい、乱雑《らんざつ》でみだれた心で弥陀如来の本願の御心《み》を疑ってはならない。

第三章　念仏往生の三心

信心決定すれば三心おのづから具わる

第一節　極楽往生を得るのに必要と言われる三種の心　三心具足《さんじんぐそく》

具三心者《ぐさんじんしゃ》　必生《ひっしょう》彼国《ひこく》　三心（至誠心、深心、廻向発願心）を備えた者は必ず彼の国浄土に生まれる

三心とは

第一項　一つには至誠心《しじょうしん》　阿弥陀仏を信じ極楽往生を願う心

本文

つぎに、念佛をまふさんには三心《さむしむ》を具《ぐ》すべし、たゞ名号《みやうがう》をとなふることはたれの人か一念十念の功《こう》をそなえざる、しかはあれども往生するものはきわめてまれなり、これすなわち三心《さむしむ》を具せざるによりてなり。『観無量寿経《くわんむりやうじゆきやう》』にいはく、「具三心者《ぐさんじんじゃ》　必生《ひちしやう》彼国《ひこく》」といへり。善導《ぜんだう》の釈（禮讃）にいはく、「具此三心必得往生也《ぐしさむしむひちとくわうじやうや》、若少一心即不得生《にやくせうゐちしむそくふとくしやう》」といへり。三心《さむしむ》の中に一心かけぬればうまるゝことをえずといふ、よの中に弥陀の名号《みやうごう》となふる人お

ほけれども、往生する人のかたきは、この三心《さむしむ》を具せざるゆへなりとこゝろうべし。その三心《しむ》といふは、ひとつには至誠心《しじやうしむ》、これすなわち真実《しんじち》のこゝろなり。おほよそ佛道にいるには、まずまことのこゝろをおこすべし。そのこゝろまことならずばそのみちすゝみがたし。阿弥陀佛のむかし、菩薩《ぼさち》の行をたて、浄土《じやうど》をもうけたまひしも、ひとへにまことのこゝろをおこしたまいき。これによりてかのくにゝむまれむとおもはむも、またまことのこゝろをおこすべし。その真実心《しんじちしむ》といふは、不真実《ふしんじち》のこゝろをすて真実《しんじち》のこゝろをあらわすべし。まことにふかく浄土《じやうど》をねがふこゝろなきを、人にあふてはふかくねがふよしをいひ、内心《ないしむ》にはふかく今生の名利《こむじょうみやうり》に著《ぢやく》し《クルワサル》ながら、外相《ぐゑさう》《ウエノフルマイニハ》にはよをいとふよしをもてなし、ほかには善心《ぜんしむ》ありたうときよしをあらわして、うちには不善《ふぜん》のこゝろもあり、放逸《はういち》のこゝろ《ホシキマヽニオモフサマニ》もあるなり。これを虚仮《こけ》のこゝろとなづけて、真実心《しんじちしむ》にたがえる相《さう》とす。これをひるがへして真実心《しんじちしむ》おばこゝろえつべし。このこゝろをあしくこゝろえたる人はよろづのことありのまゝならずは虚仮《こけ》になりなむずとて、みにとりてはゞかるべく、はぢがましきことおも人にあらはししらせて、かへりて放逸無慚《はういちむざむ》《ハヂナシト》のとがをまねかむとす。いま真実心《しんぢちしむ》といふは、浄土《じやうど》をもとめ穢土《ゑど》をいとひ、佛の願を信《しん》ずること、真実《しんじち》のこゝろにてあるべしとなり。かならずしも、はぢをあらはにし、とがをしめせとにはあらず。ことにより、おりにしたがいてふかく斟酌《しむしやく》《ハカヲウコ、ナリ》すべし。善導《ぜんだう》の釈《しやく》（散善義）にいはく、「不得外現賢善精進之相《ふとくぐゑげんけんぜんしやうじんしさう》、内懐虚仮《ないゑこけ》」といへり。

和文

念仏を申すのには、至誠心《しじょうしん》、深心《じんしん》、廻向発願心《えこうほつがんしん》の三心《さんじん》を身につけるべきである。ただ名号《みょうごう》を称えることは、誰の人も一念《いちねん》（一声の念仏）十念《じゅうねん》（念仏を十遍唱える）その結果、その効き目をそなえている。であるけれども、往生する者はきわめて希《まれ》である。それは三心を身につけていないことによってである。

『観無量寿経《かんむりょうじゅきょう》』に「具三心者《ぐさんじんしゃ》　必生彼国《ひっしょうひこく》」（三心を具えた者は、必ず彼の浄土に生まれる）といっている。善導《ぜんどう》の『往生礼讃《おうじょうらいさん》』の釈にいうのには「具此三心必得往生也《ぐしさんしんひっとくおうじょうなり》　若《にゃく》少一心即不得生《しょういっしんそくふとくしょう》」（三心を具するときは、必ず彼の国に生まれる。ひたすら阿弥陀仏《あみだぶつ》の本《ほん》願《がん》を信ずる心、もしこの一心が欠けると浄土には生まれない）という。三心の中にもし一心が欠ければ、欠けてしまう時には、浄土に生まれることを得ず、浄土に生まれないという。

世の中に弥陀《みだ》の名号《みょうごう》を称える人は多けれども、往生する人の敵は、この三心を具《ぐ》せざるゆえであると心得るべきである。

一心が欠けるというのは、信心が欠けることで、仏の本願である真実の三心が欠けるのである。その三心というのは、ひとつには至誠心《しじょうしん》（仏を信ずる汚れなき真心）である。これ即ち真実の心である。世間一般、大体において、仏道に入るにはまず、まことの心をおこすべきである。阿弥陀仏を信じ、極楽往生を願う心、その心がまことでなかったならば、その道は進みがたい。

阿弥陀仏の昔、法蔵菩薩としての行を建て浄土を建立なされたのも、ひとえにまことの心をおこされてのことであった。このことにより彼の浄土に生まれようと思う者はまた、まことの心をおこすべきである。その真実心《しんじつしん》というのは、不真実の心をすてて真実の心をあらわすべきである。真実に深く浄土を願う心のない人は、よき師にあって深く浄土願生《じょうどがんしょう》、浄土への往生を願う理由を言い、内心には深く今生《こんじょう》の名誉《めいよ》と利得《りとく》に執着《しゅうちゃく》しながら、外に現れる身《しん》・口《く》の所作《しょさ》には、この世を避けるわけを取り上げて問題にする。他《ほか》に善心があり、尊き理由を現すが、内には善くない道にはずれる心、濁世の汚れに染まった煩悩、不善《ふぜん》の心もある。

勝手気ままに振る舞いなまける放逸《ほういつ》の心もある。これを虚仮《こけ》の心、真実でないうそいつわりの心と名付け、真実心《しんじつしん》と異なるすがたとする。

この心をひるがえして真実心をば心得るべきである。この心を悪く心得たる人は、すべてのことが、ありのままにならず虚仮となるだろうと、この身にとって差《さ》し障《さわ》りのある、恥となる恥ずかしいことを人にあらわし知らせて、かえって放逸《ほういつ》（勝手に気ままでしまりがない）無慚《むざん》（罪を犯しながら自ら心に恥じない）過ちを招喚《しょうかん》、招き呼ぶ。

今、真実心《しんじつしん》というは、浄土を求め穢土《えど》を厭い、仏の願いを信ずることが真実の心にてあるべきであると。必ずしも恥をあらわにし、過ちを示せというのではない。出来事、機会に従って、その時の事情や相手の心情などを十分に考慮して程よく取り計《はか》らうべきである。

善導《ぜんどう》『観経疏《かんぎょうしょ》』の釈に「不得外現賢善精進之相《ふとくげげんけんぜんしょうじんしそう》　内懐虚仮《ないゑこけ》」（『散善義』）外に賢善精《けんぜんしょう》進《じん》の相を現ずることを得ざれ、内に虚仮《こけ》を懐《いだ》ければなり、という。

あからさまに賢そうな素振りや善人ぶったかたちを外にあらわしてはならない。心の内に煩悩を具えている虚仮《こけ》の身であるから、実でなく、空しく仮であって真ではないからである。

第二項　二つには深心《じんしん》　深遠な心

阿弥陀仏の本願の救いを深く信じて疑わない深い道心。
二つには深心《じんしん》

本文

ふたつに深心《じむしむ》といふは信心なり。まづ信心《しんじむ》の相《さう》をしるべし。信心といふは、ふかく人のことばをたのみてうたがはざるなり。たとへば、わがためにいかにもはらくろかるまじく、ふかくたのみたる人の、まのあたりよく〱みたらむところをおしえむに、そのところにはやまあり、かしこにはかわありといひたらむを、ふかくたのみて、そのことばを信《しん》じてむのち、また人ありて、それはひがごとなり、やまなしかわなしといふとも、いかにも、そらごとすまじき人のいひてしことなれば、のちに百千人のいはむことおばもちゐず、もとき丶しことをふかくたのむ、これを信心《しんじむ》といふなり。いま釈迦《しやか》の所説《しよせち》を信《しん》じ、弥陀の誓《せい》願を信じてふたごゝろなきこと、またかくのごとくなるべし。

いまこの信心《しんじむ》につきてふたつあり。ひとつには、わが身は罪悪生死《ざいあくしやうじ》の凡夫《ぼむぶ》、曠劫《くわうごう》よりこのかた、つねにしづみつねに流転《るてん》《ロクダウニマドフヲイフ》して出離《しゆちり》《エドヲイデハナル丶ヲイフ》の縁《えん》あることなしと信《しん》ず。ふたつには、決《くゑち》定《ぢやう》してふかく阿弥陀仏の四十八願《ぐわん》、衆生《しゆじやう》を摂取《せふしゆ》したまふことをうたがはざれば、かの願力《りき》にのりて、さだめて往生することをうと信《しん》ずるなり。よの人つねにいはく、佛の願《ぐわん》を信《しん》ぜざるにはあらざれども、わがみのほどをはからふに、罪障《ざいしやう》のつもれることはおほく、善心《ぜんしむ》のおこることはすくなし。こゝろつねに散乱《さんらん》《チリミダルトナリ》して一心《ゐちしむ》をうることかたし。身《み》とこしなえに懈怠《けだい》にして精進《しやうじん》なることなし。佛の願ふかしといふとも、いかでかこの身をむかへたまはむと。

このおもひまことにかしこきににたり、驕慢《けうまん》《オゴルアナトツル》をおこさず高貢《かうこ》《オゴルコ丶ロ》のこゝろなし。しかはあれども、佛の不思議力《ふしぎりき》をうたがふとがあり。佛いかばかりのちからましますとしりてか、罪《ざい》悪《あく》のみなればすくわれがたしとおもふべき。五逆の罪人《ざいにん》すら、なほ十念のゆへにふかく刹《せち》那《な》のあひだに往生をとぐ、いはむやつみ五逆《ごぐゐやく》にいたらず、功《こう》十念にすぎたらんおや。つみふかくばいよいよ極楽《ごくらく》をねがふべし。「不簡破戒罪根深《ふけんはかいざいこんじむ》」といへり。善《ぜん》すくなくばます〳〵弥陀を念ずべし。「三《さん》念五念佛来迎《ぶちらいかう》」とのべたり。むなしく身を卑下《ひげ》《イヤシウシクダスナリ》し、こゝろを怯《ヨハク》弱《ヨハン》にして、仏智不思議《ぶちちふしぎ》をうたがふことなかれ。

たとへば人ありて、たかききしのしもにありてのぼることあたはざらむに、ちからつよき人きしのうえにありて、つなをおろして、このつなにとりつかせて、われきしのうえにひきのぼせむといはむに、ひく人のちからをうたがひ、つなのよはからむことをあやぶみて、てをおさめてこれをとらずば、さらにきしのうえにのぼることうべからず。ひとへにそのことばにしたがふて、たなごゝろをのべて、これをとらむには、すなわちのぼることをうべし。佛力《ぶちりき》をうたがひ、願力をたのまざる人は、菩提のきしにのぼることかたし。ただ信心《しんじむ》のてをのべて、誓願《せいぐわん》のつなをとるべし。仏力無窮《ぶちりきむぐ》なり、罪障深重《ざいしやうじむぢう》《ツミサワリフカクオモキ》のみをおもしとせず。佛智無邊《ぶちちむへん》なり、散乱放逸《さんらんほういつ》《ヲリミダレコヽロノマヽナルモノ》のものおもすつることなし。たゞ信心《しんじむ》を要《えう》とす、そのほかおばかへりみざるなり。信心決定《しんじむくゑちぢやう》しぬれば三心おのづからそなはる本願《ぐわん》を信《しん》ずることまことなれば虚仮《こけ》のこゝろなし。浄土《じやうど》をまつことうたがひなければ廻向《ゑかう》のおもひあり。このゆへに三心《さむしむ》ことなるににたれども、みな信心にそなわれるなり。

和文

二つに、深心《じんしん》（深い道心）というのは、信心《しんじん》（阿弥陀仏の本願を信ずること）である。まず信心のすがたを知るべきである。信心というのは、人の教えることを素直に深く受け取って、疑わないまことの心である。例えば、自分の為によかれと思って教えてくれる人が現実に見てきたことを、そのところには山があり、遠く離れた所には川があると言ってくれるのを有難いと信じてのち、別な人が、それは道理や事実と違った間違った言葉、心得ちがいの僻言《ひがこと》である。山もなく川もないと否定したとしても、事実に基づかない作り事を言われる人ではないのだから後に、百人、千人の人が何を言おうとも用いず、前にお聞きしたことを深く頼む。これを疑念《ぎねん》をさしはさまぬ信心、信仰心というのである。今釈尊の所説を信じ弥陀の誓願《せいがん》を信じて疑わぬ二つの心のないこと、またこのような信心でなければならない。

今、この信心について二つの内容がある。一つには、我が身は罪悪生死《ざいあくしょうじ》の凡夫《ぼんぷ》であり、長い無限の過去より今日まで、常に煩悩《ぼんのう》にふり回され迷《まよ》いの生死を繰り返し果てしなく迷い続け、阿弥陀如来《あみだにょらい》の浄土に生まれ往くことなど到底できないもの、迷いの世界を離れ出る因縁としてその善根あることなしと信ずること。二つ、もう一つには信心決定し信じて疑わない。心が決まって動揺せぬ心にて阿弥陀仏の四十八願がわれら衆生（人々）を摂《おさ》め取って救ってくださることを疑わなければ、阿弥陀如来の本願力《ほんがんりき》、仏の願力《がんりき》に乗って願船に乗托《じょうたく》して浄土往生《じょうどおうじょう》させて頂けると信ずることである。

よき師の常におっしゃるのには、阿弥陀如来の衆生救済の本願、仏の願いを信じないのではないが、我が身の程を考えて見ると罪業を積むことは多く、人の為になるような善なる心のおこることは少ない。常に煩悩《ぼんのう》の為、心が乱れて一時も安定せず一心《いっしん》を得ることは難しい。我が身は、永遠になまけ怠り、ひたすら仏道修行に励む精進《しょうじん》の気のない人間である。阿弥陀如来の本願《ほんがん》、仏の願《ねが》いは広く深いというとも、どのようにこの罪悪生死の凡夫のこの身を救ってくださるであろうかと。

この思いは、見抜く、察しのよい明察《めいさつ》の力があり、才知才能・思慮《しりょう》（思いはかる・考える）・分別《ふんべつ》（区別をつけ、考え思案をめぐらす）等が際立っていて、なる程と聞こえる。またこの言い分には高ぶり、あなどり、なまけ心を起こさず心のおごりもない。であるけれども、仏の不思議な力、本願力を疑う過ちがある。阿弥陀仏の本願力がどのようなものであると知ってか、罪悪の身であるから救われ難いと思うのであろうか。

五逆《ごぎゃく》の罪人《ざいにん》（母を殺す・父を殺す・阿羅漢《あらかん》を殺す・僧の和合を破る・仏身を傷つける）無間地獄《むけんじごく》に堕ちる五つの重罪の悪人すら、十念《じゅうねん》（十回念仏）すれば、極めて短い間に往生を遂げる。ましてや罪五逆にいたらぬ人は、十念によるその効果により、必ず往生を遂げるであろう。罪の深い人、業《ごう》の深《ふか》い人は、いよいよ極楽《ごくらく》を願うべきである。

「不簡破戒罪根深《ふけんはかいざいこんじん》」と『五会法事讃』にはある。「破戒と罪根の深きとを選ばず」とあり、さまざまな戒めを破る罪深い人を分け隔てしないという。善い行いをすることが少なければ、ますます阿弥陀如来を念ずべきである。

「三念五念仏来迎《さんねんごねんぶつらいごう》」（『法事讃』）（三念五念に仏来迎したもう）、三念五念の人も仏は来迎下さるとおっしゃる。数度の念仏であっても、阿弥陀如来はその人を救済して、浄土に迎え入れてくださる。かりそめにも身を卑下《ひげ》し、心が弱々しく勇気がなく、気後れの怯弱《こうにゃく》（心のよわよわしいこと）により仏智《ぶっち》の不思議、本願力《ほんがんりき》を疑うことがあってはならない。

例えば人が高い岸の下にいて登ることができない崖の下にいたとする。登りたいのに登ることができない。その時、力の強い人が岸の上に居て、その人が網を下ろして、この網に掴《つか》まりなさい、とこの私を岸の上に引き上げようという時に、その人が引く人の力を疑い網が切れはしないかと危ぶんで、手をポケットに収め入れて網を手にしなければ、いつ迄も岸の上に登ることは得られない。ただこの人の言葉に従って物事の極めて明白なことを述べ、網を取れば即ち登ることができる。仏力を疑い、願力を頼まない人は、菩提《さとり》の岸に登ることが難しい。ただ信心の手を差しのべて、誓願《せいがん》の網《つな》を取《と》ることである。

仏の力は無限である。凡夫の罪障深重《ざいしょうじんじゅう》の重いことも救済の障にならない。仏智《ぶっち》は、広々として果てしない。心が乱れ清らかな心がなく、一時《ひととき》も心が安定せぬ散乱《さんらん》の者、怠ける放逸《ほういつ》の者をも捨てることはない。往生にはただ信心を要《かなめ》とする。その他のものを必要としない。

信仰心が決定すれば、三心《さんじん》は自ずから具わる。本願を信ずることまことなれば、虚仮不《こけふ》実《じつ》（真実でなく、誠実でない）の心が入り込む余地はない。浄土に生まれ往くこと疑いはなく、信じている者であれば回向のおもいは出てくる。この故に三心が異なるように思われるが、みな信心一つの内にそなわっているのである。

なぜならば、一切の善法正しい道理にかなう事柄がこの三根から生まれるからである。

（一）施、恩恵、教化をほどこす、たしかに存在している安立《あんりゅう》（三世の法、因果の道理等人々にふさわしいさまざまな手当を講じた教えを立て）

（二）慈、いつくしむなさけぶかい。慈は与楽《じょらく》、楽を与える

（三）慧、真実の道理を洞察する。叡智は悟りの智慧となって現れる。

人の身体の行う身体動作、口による言語表現、心による心作用の業《ごう》（活動行為）が善悪の果をもたらす。善業がよい結果を招くという。

第三項　三つには廻向発願心《えこうほつがんしん》

自分の修めた功徳を自他の悟りの糧《かて》とすることを願う

三つには廻向発願心

本文

みつには、廻向発願心《ゑかうほちぐわんしむ》というは、名《な》のなかに、その義《ぎ》きこえたり。くわしくこれをのぶべからず。過現三業《くわげんさむごふ》の善根《ぜんごん》をめぐらして極樂《ごくらく》にむまれむと願ずるなり。

和文

三つ目の廻向発願心というのは、文字通りの意味であるが、詳しくこれを述べないこととする。過去と現在の身《しん》・口《く》・意《い》の三つの働きの善い果報を招くと思われる善の業因《ごういん》、無《む》貪《とん》・無瞋《むしん》・無痴《むち》をめぐらして、極楽に生まれたいと願うことである。

解説

人間の身体に内在する三毒の煩悩、貪欲《とんよく》（むさぼり）、瞋恚《しんに》（いかり）、愚癡《ぐち》（おろかさ）があり、婬《いん》、怒《ど》、痴《ち》と言われている。根本煩悩として貪愛《とんあい》、貪欲《とんよく》（淫欲《いんよく》）、瞋《しん》（瞋恚《しんに》、怒り）、痴（ものの道理がわからない愚痴《ぐち》、無知《むち》）、いわゆる煩悩障が、重障《じゅうしょう》として正道、悟りの正しい道、実践、仏の悟りを得る為の仏道修行の邪魔をしさまたげる、悟りを得る為の障害ともなる。極楽、一切の苦患を離れた心配や悩みのない落ち着いた楽しい境遇、状態、最高の楽しみの浄土に生まれたいと願うのには、無貧《むとん》（執着が無く、貧りの心が無いこと）、無瞋《むしん》（怒ることなき心）、無痴《むち》、愚痴《ぐち》のないこの三善《さんぜん》が求められる。

第二節　釈義勧信《しゃくぎかんじん》　経典等のその本来の意義や個々の内容・文句等を解釈し信ずるように勧める

乃至十念《ないしじゅうねん》の十念についての疑義を解き明かし、口に名号を唱えること阿弥陀仏の救いを疑う心を閉じることを説き明かし、信ずるように勧める。

第一項　十声《とこえ》の念仏のすゝめ

本文

つぎに本願の文（大経巻上）にいはく、「乃至十念《ないしじふねむ》　若不生者《にやくふしやうじや》　不取正覚《ふしゆしようがく》」といへり。いまこの十念といふにつきて、人うたがひをなしていはく、『法華《ほふくゑ》』の「一念随喜《ずいき》」といふは、ふかく非権非実《ひごんひじち》の理《り》に達するなり。いま十念といへるも、なにのゆゑか十返《へん》の名号《みやうがう》とこゝろえむと。

このうたがひを釈《しやく》せば、『観無量壽経《かんむりようじゆきやう》』の下品下生《げぼむげしやう》の人《ひと》の相《さう》をとくにいはく、五逆十悪《ごぐゐやくあく》をつくりもろ〳〵の不善《ふぜん》を具せるもの、臨終《りむじゆ》のときにいたりて、はじめて善知識《ぜんぢしき》のすゝめによりて、わづかに十返《ぺん》の名号《みやうがう》をとなえて、すなわち浄土《じやうど》にむまるといへり。これさらにしづかに観《くわん》じふかく念ずるにあらず、たゞくちに名号を称《しょう》するなり。「汝若不能念《によにやくふのうねむ》」といへり、これふかくおもはざるむねをあらはすなり。「應稱《おうしょう》《トナフルナリ》无量寿仏《むりやうじゆぶち》」ととけり、たゞあさく佛號《ぶちがう》をとなふべしとす、むるなり。「具足十念《ぐそくじふねむ》、稱南无無量寿佛《しょうなもむりやうじゆぶち》、稱佛名故《しょうぶちなみやうこ》、於《お》念《ねむ》念中《ちう》　除《ぢよ》八十億劫生死之罪《おくこふしやうじしざい》」といへり。十念といえるは、たゞ稱名の十返《ぺん》なり、本願の文《もん》これになずらえてしりぬべし。善導和尚《ぜんどうくわしやう》はふかくこのむねをさとりて、本願の文《もん》をのべたまふに、「若我成佛《にやくがじやうぶち》、十方衆生《じふほうしゆじやう》　稱《しょう》我《が》名号《みやうがう》　下至十聲《げしじふしやう》、若不生者《にやくふしやうじや》　不取正覺《ふしゆしやうがく》」（玄義分）といへり。十聲《しやう》といへるは口称《くしょう》《クチニトナフルトナリ》の義《ぎ》をあらはさんとなり。

和文

次に阿弥陀如来の第十八願の本願の中の文であるが、「乃至十念《ないしじゅうねん》　若不生者《にゃくふしょうじゃ》　不取正覚《ふしゅしょうがく》（仏の御名を称える人が、十回念仏してわたしの国、浄土に生まれることができないならば、私は仏とはなるまい」と示されている。今この十念、十声の念仏について、疑いをなしていわく「『法華経《ほっけきょう》』の一念随喜《いちねんずいき》（一心に仏の教えを仰ぎ喜び帰依する人）というのは、深く方便でも真実でもない、それらを超絶した中道実相《ちゅうどうじっそう》の教えを深く究めた上の絶対の悟りのことを言うのである。本願に誓われてある十声《とこえ》の念仏というのは、十遍《じっぺん》の名号（念仏）を称《とな》えるということであるというものではなかろうと言う。

この疑いを講釈すると『観無量寿経《かんむりょうじゅきょう》』の文に下品下生《げぼんげしょう》（極楽に生まれる人のうち、能力・素質の劣った人の最下位）の人の浄土往生《じょうどおうじょう》の相《すがた》が説かれている。

五逆十悪《ごぎゃくじゅうあく》（五種の重い罪悪・十悪を犯した生存の在り方）をつくり、ありとあらゆる悪業を重ね諸々の不善を具す者が、臨終の時に至ってはじめて善知識のすすめにより、わずかに十遍の名号念仏を称えて即ち浄土に往生する道を伝える。まことの人のすゝめを受けて、わずかに十回念仏を称えた。この念仏者は即時に阿弥陀如来の浄土に生まれ往く。ここに説かれる念仏は静かに名号、功徳を観じ、思い浮かべたり深く念ずるのではなく、弥陀の本願力にこの身をまかせ、ただ口に名号、南無阿弥陀仏をとなえることである。

「汝若不能念《にょにゃくふのうねん》」と言う（汝、もし仏の名号の功徳を念ずることができなければ）のお示しは、仏の名号の功徳を深く念ずることができない心に阿弥陀仏を念じ申し上げることができない苦しみに閉じ込められている凡夫人の臨終の事情をあかされたものである。

「まさに無量寿経のみ名を称すべし」。ただ口に南無阿弥陀仏と称えなさいとお勧めになられた。

これは、力を入れず仏の名を称えるべきとすすめるお言葉である。「応称無量寿仏」と説き、ただ無量寿仏を称えるがよいというお言葉である。ただ清く仏号を称えるべしと勧める。

「具足十念《ぐそくじゅうねん》　称南無無量寿仏《しょうなむむりょうじゅぶつ》　称仏名故《しょうぶつみょうこ》　於念念中《おねんねんちゅう》　除八十億劫生死之罪《じょはちじゅうおっこうしょうじしざい》」、なむあみだぶつ、なむあみだぶつと十声、弥陀如来の名号を称える。すると、仏名を称えたことによって、一声ごとに、八十億という永い過去の罪が除かれると言う。五逆の罪を犯した人は、その身にすでに罪をそなえているうえに、八十億劫にわたって生死を繰り返さなければならない罪をそなえているから、十遍南無阿弥陀仏と念仏を称えなければならない。十念というのは、ただ称名の十遍である。本願の乃至十念の文もこの十回の称名になぞらえて誓われたものと知るべしという。善導和尚は、深くこの阿弥陀如来の本願の深い意味、趣旨を悟って本願の文を作り、述べられ「若我成仏《にゃくがじょうぶつ》　十方衆生《じっぽうしゅじょう》　称我名号《しょうがみょうごう》　下至十《げしじっ》声《しょう》　若不生者《にゃくふしょうじゃ》　不取正覚《ふしゅしょうがく》」（『玄義分《げんぎぶん》』）（もし、わたしが仏になったならば、十方の衆生がわたしの名号、無阿弥陀仏を十回称えたならば、わたしの浄土に往生させよう。もし往生しなければ、わたしは仏にはなるまい）とおっしゃった。阿弥陀仏の本願が十声までしか称えていない人でも、みな浄土に往生させよう。もし往生しなければ私は仏になるまいとお示しになっている。十声という口称《くしょう》は、口に念仏を十回称えるという意味をあらわするのである。

第二項　臨終の念仏　人が死ぬという時に称える念仏

命の終わりを解釈し意義を説き明かす

臨終の念仏でなく平生の求法、聴聞をすゝめ、信心が決定したたゞ今の念仏の暮らしをすゝめる

本文

一。つぎにまた人のいはく、臨終《りむじゅ》の念仏は功徳はなはだふかし。十念に五逆を滅するは、臨終《りむじゅ》の念仏のちからなり。尋常《じむじやう》《ツネノトキトイフ》の念仏はこのちからありがたしといへり。

これを按《あん》ずるに、臨終《りむじゅ》の念仏は功徳ことにすぐれたり、たゞしそのこゝろをうべし。も

し人いのちおはらむとするときは、百苦《ひやくく》《ヨロズノクルシミ》みにあつまり、正念《しやうねむ》みだれやすし。かのとき佛を念ぜむこと、なにのゆへかすぐれたる功徳あるべきや。これをおもふに、やまひおもくいのちせまりて、みにあやぶみあるときには、信心《しんじむ》おのづからおこりやすきなり。まのあたりよの人のならひをみるに、そのみおだしきときは、醫師《くすし》おも陰陽師《おむやうし》おも信ずることなけれども、やまひおもくなりぬれば、これを信じて、この治方《ぢはう》をせばやまひいえなむといえば、まことにいえなむずるやうにおもひて、くちににがきあぢわいおもなめ、みにいたはしき療治《れうぢ》おもくわう。もしこのまつりしたらば、いのちはのびなむといえば、たからおもおしまず、ちからをつくして、これをまつりこれをいのる。これすなわち、いのちをおしむこゝろふかきによりて、これをのべむといえば、ふかく信《しん》ずるこゝろあり。

臨終《りむじゆ》の念佛、これになずらえてこゝろえつべし。いのち一刹那《せちな》にせまりて存《そん》ぜんことあるべからずとおもふには、後生《ごしやう》のくるしみたちまちにあらわれ、あるいは火車相現《かしやさうげん》《ヒノクルマアラワル、ナリ》し、あるいは鬼卒《くゐそつ》《オニゴクソチノメニミユルナリ》まなこにさいぎる。いかにしてか、このくるしみをまぬかれ、おそれをはなれむとおもふに、善知識《ぜんちしき》のおしえによりて十念の往生をきくに、深重《じむぢう》《フカクオモキコヽロ》の信心《しんじむ》たちまちにおこり、これをうたがふこゝろなきなり。これすなわち、くるしみをいとふこゝろふかく、たのしみをねがふこゝろ切《せち》なるがゆへに、極樂《ごくらく》に往生すべしときくに、信心《しんじむ》たちまちに発《はち》するなり。いのちのぶべしといふをきゝて、醫師《くすし》、陰陽師《おむやうし》を信《しん》ずるがごとし。もしこのこゝろならば、最後《さいご》の刹那《せちな》にいたらずとも、信心決定《くゑちぢやう》しなば一稱《しょう》一念の功徳、みな臨終《りむじゅ》の念佛にひとしかるべし。

和文

つぎにまた、人が言うのには、今や命が終わろうとする時に臨んでの臨終の念仏の功徳は特別であり、たいそう深い。十念《じゅうねん》（十回念仏）したならば、五逆罪《ごぎゃくざい》さえも滅ぼすのは臨終の念仏の力である。通常の念仏にはこのような強い力はないという人がいる。

このように言う人のことを考えると、臨終の念仏の御利益《ごりやく》がことにすぐれているとしても、ただしその死ぬ時の実際の心を得るべきである。もし人の命終わらんとする時には、百苦身に集まり、阿弥陀如来の大悲本願の有難いことをしみじみと思い、往生を信じて疑わず一心に念仏するその正念《しょうねん》も乱れやすい。そんな時、念仏したとして、何の故にか、すぐれた御利益があるのであろうか。

これを思うに、病が重く死が迫って身が危険な状態にある時には、信じたくなり、信心おのずからおこりやすい。目の当たりに世の人の常を見ると、その身穏やかな時は、医師をも陰陽師をも信ずることはないのであるが、病重くなればこれらの人を信じて、治療をすれば病癒されるといわれると、本当に病が治されるように思って、口に苦い良薬をもなめ、身に病気に大切な治療をも加える。

もしこれを祭り祈願したならば命延びるであろうと言われれば、お金や物、宝をもおしまず、力を尽くして神霊を慰め命が延びることを祈る。これ即ち命を惜しむ心が深いことにより延命と言われれば、その言葉を信じてしまう。

死に際の臨終時に念仏するという気持ちは、このことになぞらえて心得るべきである。命終、一瞬間に迫って存在あることとなしと思うと、後生の苦しみたちまちにあらわれ、あるいは、生前悪事を犯した罪人を地獄に運ぶ火の車が現れ、あるいは地獄で責め苦しめる鬼の姿が眼の前に現れる。いかにしてこの苦しみをまぬがれそれを離れようかと思うと、念仏の教えを説いて勧める善知識の教えにより、十念の往生、十回念仏すれば地獄に堕ちず阿弥陀如来の極楽に往生できると聞くと、深い信仰心がたちまちに起こり、これを疑う心はなくなる。これ即ち、苦しみを嫌う心深く、楽しみを願う心切実なるがゆえに、極楽《ごくらく》往生《おうじょう》間違いなしと聞くに、信心たちまちに発する。
延命できるということを聞いて医師・加持祈祷をなす陰陽師《おんようじ》を信ずるのと変わるところはない。もし、このような人のいうことを信ずるこの心があるならば、最後の瞬間に至らずとも、平生のうちに信心決定すれば、一称《いっしょう》、一念の念仏の御利益は、臨終時の念仏の功徳に等しく同じなのである。

解説

臨終の念仏、死に際の念仏には功徳ははなはだ深く、尋常の耳目、手足が動く時の本願名号を信順しての念仏は功徳がないという異義を戒め、信心決定した平生業成《へいぜいごうじょう》の念仏をすすめる。

「わかきとき仏法はたしなめと候ふ。としとれば行歩もかなはず、ねぶたくもあるなり、たゞわかきときたしなめと候ふ」

蓮如上人は平生業成の義を説く。

日常生活の時に、他力の信心を得たその時、往生の業が成就し、浄土に往生する身と定まる。

臨終業成《りんじゅうごうじょう》。臨終に仏菩薩の来迎を得て往生が決まるのではなく、日頃の平常の阿弥陀仏を信ずる信心により往生の得否は定まるという。

念仏をする日々の暮らしをすることこそが大切で「老少不定《ろうしょうふじょう》　生者必滅《しょうじゃひつめつ》　会者定離《えしゃじょうり》」は、世のならい、理（永遠の真理）一切を貫く理法である。

生者必滅《しょうじゃひつめつ》（命あるものは必ず死ぬ時がくる）

会者定離《えしゃじょうり》（会う者はいつか必ず別れて行く）

『涅槃経』の釈尊の言葉通り、人生は無常である。人の一生は、生きられる時間に定めがある。

常日頃の念仏の大切さ、生死一大事《しょうしいちだいじ》を語る。

第三項　宿業《しゅくごう》ぼこりの異義《いぎ》　悪業《あくごう》その業力《ごうりき》が往生のさわりとなるか

念仏の功徳を説き、宿業ぼこりの異義を誡《いましめ》める。

業は、はかりの如し、重き者をまずひく

本文

二。またつぎに、よのなかの人のいはく、たとひ彌陀の願力をたのみて極樂に往生せむとおもへども、先世《せん》の罪業《ざいごふ》しりがたし、いかでかたやすくむまるべきや。業障《ごふしやう》にしな〴〵あり、順後業《じゅんごごふ》といふは、かならずその業《ごふ》をつくりたる生《しやう》ならねども、後後生《ごごしやう》《ノチ〳〵ノヨトイフ》にも果報《くわほう》をひくなり。されば今生《こむじやう》に人界《じんかい》の生《しやう》をうけたりといふとも、悪道《あくどう》の業《ごふ》を身《み》にそなえたらんことをしらず、かの業力《ごふ》がつよくして悪趣《あくしゅ》の生をひかば浄土《じやうど》にむまることかたからむかと。

この義《ぎ》まことにしかるべしといふとも、疑網《ぎまう》《ウタガウコヽロヲアミニタトフルナリ》たちがたくしてみづから妄見《まうけん》《ミダレルオモヒナリ》をおこすなり。おほよそ業《ごふ》ははかりのごとし、おもきものまづひく。もしわが身にそなえたらん悪趣《あくしゅ》の業《ごふ》ちからつよくば、人界《にんがい》の生をうけずしてまづ悪道《あくだう》におつべきなり。すでに人界《にんがい》の生《しやう》をうけたるにてしりぬ、たとひ悪趣《あくしゅ》の業《ごふ》を身にそなえたりとも、その業《ごふ》は人界《にんがい》の生をうけし五戒《ごかい》よりはちからよわしといふことを。もししからば、五戒《ごかい》をだにもなほさえず、いはむや十《じゅう》念《ねむ》の功徳をや。五戒《かい》は有漏《うろ》の業《ごふ》なり、念佛は無漏《むろ》の功徳なり。五戒は佛《ほとけ》の願のたすけなし、念佛は弥陀の本願のみちびくところなり。念仏の功徳はなほし十善《じふぜん》にもすぐれ、すべて三《さむ》界《がい》の一切《ゐちさい》の善根《ぜんごん》にもまされり。いはむや五戒《ごかい》の小善《せうぜん》おや。五戒をだにもさえざる悪業《あくごふ》なり、往生のさはりとなることあるべからず

和文

また次に、世の中に次のようなことを言う人がいる。たとえ弥陀《みだ》の願力《がんりき》を頼み極楽に往生しようと思っても、前世《ぜんせ》につくった罪ある行為、道理にそむいた苦の報いを招く行為がどのようなものであったか知ることができない。極楽往生するとは思えない。どのようにしたら極楽にたやすく生まれることができるであろうか。業障《ごうしょう》（五逆《ご》・十悪《ぎゃくじゅうあく》等の悪業《あくごう》による罪）の器《うつわ》である。順後業《じゅんごごう》というは、この世でつくった業（行為）の報いを受けるというものではない、けれども、のちのちの生、後後生、次の次の生（第三生）以後にも業報を受けるという。今生に人界の生と受けたといっても、業（行い）をつくった人生であり、後々の世にも前に行った善悪の行為が、楽果苦果という報いを誘引する（前世に業を造って現世で受ける果報を順現報、次の生に受ける果報を順生報、更に来々世以後に受ける果

報を順後報といい、花が咲いた後に因果律によって実を結ぶ道理である)。そのように今世に受け難い人間としての生を受けたといえども、悪い行い、酒色にふけったり遊蕩したり、よこしまな道の業、悪道をそなえていることを知らず、この悪の力が強く、この世で悪いことをした者が、現生の生存状態または死後に趣く地獄・餓鬼・畜生の三悪趣のいずれかにひかれれば、願生浄土を願っても浄土に生まれることは難しいのではないか。

この道理はいかにも自然でまことであるかの運命である、相応しいとそのように聞こえるが、疑いが心を束縛すること網の如く断ち難くして、自ら誤った見解、千々に乱れ迷う心、虚妄の考えを起こす。物事の概要を原則的に述べると、業は秤《はかり》の如くであり、業の重い者がひっぱって導き入れる。もし我が身に具わった悪趣の業が強ければ、人間界に生を受けずしてまず悪道の者は、地獄へ堕ちる運命にある。

既に人間の生を受けて知る。たとえ悪趣の業を身に具えたりとも、その業は人界の生を受けた五戒《ごかい》(在家の為の五種の戒、不殺生、不偸盗、不邪淫、不妄語、不飲酒の五種の戒)を保った功力《くりき》、功徳の力よりも業の力は弱いということを。もしそうであれば、せめて五戒だけでなくその上に付け加えて、ましてや十念の功徳で防げる。五戒は、有漏《うろ》、煩悩にけがれた行為、業である。念仏は、汚れのない清浄な功徳である。五戒には、仏の願いの助けはない。念仏は、弥陀の本願の衆生救済の大悲の導くところである。念仏の功徳は、尚、十善よりもすぐれ、すべて三界の一切の善根にもまさっている。いわんや念仏の功徳は、五戒や少善にもまさっている。五戒を遮る悪業も、念仏の功徳により、浄土往生の障りとなることはない。

解説

衆生救済の大悲の先世の罪業、仏智の不思議を疑い、宿善にこだわり業障が弥陀の本願名号の力を上まって浄土往生ができないと語る。いわゆる「宿業ぼこり」に対する誡めである。

第四項　念仏と宿善の軽重、浄土往生の可否

仏智の不思議を信ぜず、仏力を疑い願力をたままぬ無信心《むしんじん》（信仰心がなく信ずる心が

ないこと）、邪信《じゃしん》の者（あやまった心で信仰するその信仰）は、因果の道理を笑ってしまう宿善《しゅくぜん》についての示教

仏力を疑い願力を頼まざる人は、菩提《ぼだい》の岸《きし》にのぼることかたし

本文

三。つぎにまた人のいはく、五逆《ぐゐやく》の罪人《ざいにん》十念によりて往生すといふは宿善《しうぜん》によるなり、われら宿善《しうぜん》《ムカシノゼントイフ》をそなえたらんことかたし、いかでか往生することをえむやと。

これまた痴闇《ちあむ》《グチノヤミトイフ》にまどえるゆへに、いたづらにこのうたがひをなす。そのゆへは、宿善《しうぜん》のあつきものは今生《こむじやう》も善根《ぜんごん》を修《しゅ》し悪業《あくごふ》をおそる、宿善《しうぜん》すくなきものは今《こむ》生に悪業をこのみ善根をつくらず。宿業《しうごう》の善悪《ぜんあく》は今生《こむじやう》のありさまにてあきらかにしりぬべし。しかるに善心《ぜんしむ》なし、はかりしりぬ、宿《しう》善すくなしといふことを。われら罪業《ざいごふ》おもしといふとも五逆《ぐゐやく》おばつくらず、善根《ぜんこん》すくなしといゑどもふかく本願を信《しん》ぜり。逆者《ぐゐやくしや》の十念すら宿善《しうぜん》によるなり、いはむや盡形《じんぎやう》《イノチツクルマデトイフ》の稱《しよう》念むしろ宿善《しうぜん》によらざらむや。なにのゆへにか逆者《しや》の十念おば宿善《しうぜん》

とおもひ、われらが一生《ゐちしやう》の稱念《しよう》おば宿善《しうぜん》あさしとおもふべきや。小智《せうち》《ニジョウノチエトイウナリ》は菩提《ぼだい》のさまたげといえる、まことにこのたぐひか。

和文

次にまた人の言うのには、五逆《ごぎゃく》を犯した罪人《ざいにん》が十念《じゅうねん》（念仏を十回を称えること）により、浄土に往生できるというのは、その者が過去世で積んだ前世の善根を積み重ねたことによる現れ、宿善《しゅくぜん》によるのである。

われらは宿善、前世にて善根を備えたとは思えない。善い果報を受けるべき善根を持たない者は、どのようにして浄土に往生することを得られるであろうか。これまた、物事の道理がわからぬ自分の愚かなはからいに思い迷うが故に、阿弥陀仏の仏智の不思議を疑い、いたずらに因果の道理を見失い疑いをなしてしまう。その原因理由は、過去世に善根の積み重ねた宿善のあつい者は、今生においても善根を修め、悪業をなすことを恐れる。過去世で善根を積みかさねること、宿善少ない者は、この人生においても悪業を好んで善根をつくろうとしない者である。過去世において善悪の業を行じたか宿善の善悪は、今生のありさまにて明らかに知ることができる。

そうであるのに、善心、善業を行おうと思う心がないので、過去世において善根の積み重ねが少なかったのだと推察できる。われらが罪業重いというとも、五逆罪《ごぎゃくざい》をばつくらず、善根少ないといえども、深く阿弥陀如来の大悲の本願を信じさせて頂いている。五逆などの逆罪を犯した罪深い人は、十回の念仏、十念ですら過去世の宿善の果報による。いわんや称名念仏は、むしろ過去世の善根功徳、宿善によるのではなかろうか。

何の故にか。五逆罪等の逆罪の罪深い人が、十念をば過去世の宿善のお蔭であると思い、我らの一生、生涯にわたっての称名念仏を過去世に積みかさねた宿善功徳が浅いものであったからだと思うのはどうであろうか。あさはかな智慧、小乗二乗の分別心《ふんべつしん》、小智《しょうち》は菩提のさまたげという分別心は、往生への道の防げ、障害となるというは、誠にこの類、このような見解のことであろうか。

解説

仏智の不思議を信ぜず、仏力を疑い、願力をたのまざる無信心《むしんじん》、邪信者《じゃしんしゃ》の宿善について、聖覚法印の御教示は、自力のはからいをやめて、深く阿弥陀如来の生起本来を聞思《もんし》せよ、本願名号《ほんがんみょうごう》は、この身と共にあると厳しく諭《さと》す。

宿善の軽重を問題にし、浄土往生の可否を論ずる軽薄さを指摘し、戒める。

自分の考えていることだけが正しいとし、他の人の考えていることを認めない愚かな思慮は、自利のみがあって利他のない狭く浅い考え、二乗《にじょう》の智慧（小智）であるという。

第五項　念仏一念の信心決定　浄土往生の道

一念義を信じている人の往還《おうげん》二《に》廻向《えこう》の教えの喜びを告白する結びの言葉。一念決定を信じて一生おこたりなく称名念仏すべきである。

本文

四。つぎに念佛を信《しん》ずる人のいはく、往生浄土《じやうじやうど》のみちは信心《しんじむ》をさきとす、信心決定《しんじむくゑちぢやう》しぬるには、あながちに稱《しょう》念を要《えう》とせず、『経《きやう》』にすでに「乃至《ないし》一念」ととけり、このゆへに一念にてたれりとす、偏數《へんじゅ》をかさねんとするは、かへりて佛《ほとけ》の願《ぐわん》を信《しん》ぜざるなり、念佛を信ぜざる人とておほきにあざけりふかくそしると。

まづ、専修念佛《せんじゆ》といふて、もろ〳〵の大乗の修行《だいじやうしゆぎやう》をすて丶、つぎに一念の義《ぎ》をたて丶、みづから念佛の行をやめつ、まことにこれ魔界《まかい》たよりをえて末世《まちせ》の衆生《しゆじやう》をたぶろかすなり。この説《せち》ともに得失《とくしち》あり。往生の業《ごふ》一念にたれりといふは、その理《り》まことにしかるべしといふとも、徧數《へんじゆ》をかさぬるは不信《ふしん》なりといふ、すこぶるそのことばすぎたりとす。一念をすくなしとおもひて、徧數《へんじゆ》をかさねずば往生しがたしとおもはば、まことに不信《ふしん》なりといふべし。往生の業《ごふ》は一念にたれりといゑども、いたづらにあかしいたづらにくらすに、いよ〳〵功《こう》をかさねむこと要《えう》にあらずやとおもふて、これをとなえば、ひめもすにとなへ、よもすがらとなふとも、いよ〳〵功徳をそへ、ます〳〵業因決定《ごふいんくゑちぢやう》すべし。善導和尚は、ちからのつきざるほどはつねに稱念すといへり。これを不信《ふしん》の人とやはせむ、ひとへにこれをあざけるも、またしかるべからず。

一念といえるは、すでに経《きやう》の文《もん》なり。これを信《しん》ぜずは佛語《ぶちご》を信ぜざるなり。このゆへに、一念決定しぬと信《しん》じて、しかも一生《しやう》おこたりなくまふすべきなり。これを正義《しやうぎ》とすべし。

和文

次に衆生救済の本願、念仏を信ずる人の中には次のようなことをいう人がいる。往生浄土の道は、信心を先とする。信心が決定しなければならぬ。阿弥陀仏の本願の救いを信じて、一切の疑心がなくなり、信心決定すれば、必ずしも心に仏を念ずる、名号を称えなくてもよい、と。

『大無量寿経』にはすでに「乃至一念《ないしいちねん》」(信心の一念、信心決定による往生)を説く。このゆえに一念(阿弥陀仏から頂いた信心、一声の念仏)で足りるとする。一遍、二遍という念仏の回数を重ねようとするのは、かえって仏の願いを信じていないことにもなる。弥陀の本願念仏を信ぜずに、念仏ばかり称えている人は、浄土に往生はできないであろうと、大いにそしり笑い、非難し、けなしてもよい、と。

念仏する人を非難するその人は、まず専修念仏《せんじゅねんぶつ》といって、もろもろの大乗の修行を捨ててしまい、次に専修念仏の間に入り、専修念仏をも捨てて、一念往生の義、名目をふりかざして、自ら念仏の行をやめて、念仏する人をあざけ笑い、非難するという行為は、まことに悪魔の世界に住む者の言動としかいいようがなく、末世《まっせ》の衆生《しゅじょう》(人々)をだます。迷わすものである。

一念往生《いちねんおうじょう》のこの説にも一つの道理があり、共に得ることと失うことがある。往生の業は一念にて足りるというは、その理まことにその通りである。念仏の回数を重ねようとするのは本願、名号を信じないから不信であるというのは誤りでその言葉はすぎている。一念の念仏では少なく往生できないと思って念仏しているのであれば、それは誠に不信心《ふしんじん》であるというべきである。

浄土往生に生まれ往く心身の活動・行為は阿弥陀如来から廻向《えこう》された一念（一声の念仏）で足りるけれども、他の人が喜ぶようなこともしてやれず、無益に夜を明かし暮らして、実のない毎日をすごし、修学や修行によるその効果その功徳を重ねる必要がないと思い、一声の念仏を終日称《とな》え、一晩中称えるともいよいよ御利益《ごりやく》をそえ、ますます苦楽の果報を招く原因となるのである善悪の行為を信じて疑わず、業因《ごういん》を決定するに違いない。

善導和尚《ぜんどうおしょう》は「いのちの尽きる迄、昼も夜もつねに称名念仏をすること」とおっしゃられた。念仏を行ずる人を「不信の人」とどうして見下げて笑うことができよう。一方的に見下げて笑うのは適当ではない。

一念、一声の念仏で浄土に往生、生まれ往くという教えは『仏説無量寿経』巻下の経典の文である。これを信じないのであれば、仏語《ぶつご》を信じないことになる。であるから釈尊の教えの通り本願を信ずる一念で決定するそのものの力を信じて、浄土に生まれることを信じ喜び、しかも一生怠ることなくいのちの尽きる時まで念仏申すべきである。これが人の行うべき正しい道義とすべきであると釈尊が説かれた正しい意味である。

解説

本鈔の結びである。

正信念仏の教えを若干聞き、浄土三部経をいくらか学び弥陀如来の本願、名号を華厳《けごん》、天台《てんだい》の教義を雑《まじ》えた信心についての思い違いの発言に対するお諭《さと》しである。法然上人門下の成覚房幸西《こうさい》（一一六三～一二四七）は、多念の称名は不用であるという一念義《いちねんぎ》をたてたが、一念決定と信じて一生怠りなく念仏もうすべきなり、これを道義とすべし、という教えが浄土法門の正しい教義であるという示教である。

第六項　本文の結び

まさに浄土に生まれるべし

本文

念仏の要義《えうぎ》おほしといゑども、畧《りやく》してのぶることかくのごとし。これをみむ人、さだめてあざけりをなさむか。しかれども、信謗《しんばう》《ソシラム》ともに因《いん》として、みな、まさに浄土《じやうど》にむまるべし。今生《こむじやう》ゆめのうちのちぎりをしるべとして来世《らいせ》さとりのまへの縁《えん》をむすばんとなり。われおくれば人にみちびかれ、われさきだゝば人をみちびかむ。生《しやう》生に善友《ぜんう》《ヨキトモトナラムトナリ》となりてたがひに仏道《ぶちだう》を修《しゆ》せしめ、世《せ》世に知識《ちしき》としてともに迷執《めいしふ》《マドウフコヽロナリ》をたゝむ。

本師釋迦尊《ほんじしやかそん》　悲母彌陀佛《ひもみだぶち》

左邊《さへん》觀世音　右邊《うへん》大勢至

清浄大海衆　法界三寶海

證明《しょうみやう》一心念《ゐちしむねむ》　哀愍《あいみむ》共聴許《ぐやうこ》

草本《そうほん》曰

承久三歳仲秋中旬第四日《しやうきうさむさいちうしうちうじゅんだいしにち》

安居院法印聖覚《あんごんゐんほういんせいかく》　作《のさくなり》

寛喜二歳仲夏下旬第五日　以彼真筆本寫之也

愚禿釈ノ親鸞書㆓写ス之ヲ㆒

和文

念仏の教えの大切な点は多くあるが、そのあらましを述べるとこのようである。これを見た人は、きっと嘲笑《ちょうしょう》（そしり笑う）であろう。

そうであるけれども、仏の教えや救いを信ずる人とそしる人も共にこれを因《いん》として、皆、まさに浄土に生まれるに違いない。今生の仏・菩薩のお告げを示す夢を、前世からの因縁ゆかりとして、来世の悟りの前の縁を結ぼうと思ったことである。われ遅れれば、人に導かれ、我先立てば人を導く。生まれては死に、死んでは生まれる生死の繰り返しに、よき心の友、親しき導きの友となって、互いに仏道を修めて励ましあって、世々に仏の道を説いて人を導き、仏縁を結ばせる法友、友達として、ともに迷いによる執着《しゅうちゃく》を絶ちたいと思う。

本師釈尊　悲母弥陀仏
その左に観世音　右に大勢至
清らかでけがれのない多数の仏弟子たちが座す
真如そのものの仏法僧（仏と仏の教えを説いた経典とその教えをひろめる僧）
一心に念ずることが仏の真実にかなうことを証明して
哀れみの心を抱いて情けをかけ
すべてを許し救いとられよ

下書き本にいわく
承久三年（一二二一年）仲秋中旬第四日（八月十四日）

安居院《あぐい》の法印聖覚《ほういんせいかく》の作《さくなり》とある

寛喜二年（一二三〇年）仲夏下旬第五日（五月二十五日）

かの草本の真筆の下書き本から

愚禿釈の親鸞、五十八歳の時、これを書き写した

終章　寝ても醒めても念佛一行を修すること

『唯信鈔』一巻は、承久三（一二二一）年、法然上人の『選択集』を依りどころとして、浄土門の教えは、ただ「信心」をもって肝要とすることを述べたお聖教である。印刷技術の無い鎌倉時代である。親鸞聖人は何度も筆写して門弟に推奨し与えた。親鸞晩年の著『唯信鈔文意』は、安居院《あぐい》の聖覚《せいかく》法印撰述の『唯信鈔』に引用された要文を抜き出し、これを解釈し一般の人々にも心得やすいようにその文章の意を註釈《ちゅうしゃく》したお聖教《しょうぎょう》である。

親鸞聖人は、先達聖覚法印《せんだつせいかくほういん》を尊敬し『唯信鈔』に引用された証文について解釈を試み、その意義を鮮明にせられた。信仰告白、宗教的実存、その境地が念仏往生を信ずる他力信仰に極まることを明らかにしている。

残存する真筆本二本の奥書には「建長二（一二五〇）年庚戌十月十九日愚禿親鸞七十八歳写之」とあり、草稿本であろうか、奥書「康元二（一二五七）年正月二十七日愚禿《ぐとく》親鸞八十五歳書写之」は清書であろうか。

仮名聖教本『唯信鈔文意』に結びつく『唯信鈔』である。親鸞聖人は、法然上人同様に聖覚法印の『唯信鈔』の一読を勧めた。

大切なものが見失われがちな末法《まっぽう》と言われる現代社会である。

誰にでも理解できる「やさしい佛教入門書」として御法義の深まり弘まりを念じ拙著『唯信鈔』解説書を心がけたのであるが、その願いが叶えばうれしく思う。

『唯信鈔』は

（一）真《まこと》の信仰心、念仏が浄土往生、極楽浄土に生まれるたね、起因《きいん》となる信の大切さを示し

（二）人生の一大事、生死度脱《しょうじどだつ》の宗教的課題に対し、本願力《ほんがんりき》に乗じて定めて往生を得ると信ずる往生極楽《おうじょうごくらく》の道を示し

（三）わが身は罪悪生死《ざいあくしょうじ》の凡夫《ぼんぶ》、出離の縁あることなし。

浄土往生は、信心一つに極まると、聖覚法印の唯信の教学が示される。

たゞ口に名号《みょうごう》を称するなり。念仏をとなえて浄土に生まれる。その念仏に臨終時の念仏と平生《へいぜい》の念仏がある。

前世の悪業《あくごう》深き為、浄土に往生できないと考える凡夫の愚かな妄分別《もうふんべつ》、この小智の分別、はからいを誡《いまし》める。

一念《いちねん》往生、多念《たねん》往生、一多の議論、論争も生じた。

「一念の信　おこりぬれば（中略）生死すなわち涅槃なり」（『正信偈大意』）

一声の念仏、信心決定によって極楽浄土に往生できるという一念往生論《いちねんおうじょうろん》である。

臨終の一声の念仏で往生できる。

よく知られる天台の教義「一念三千《いちねんさんぜん》」は、一念三千を観じ、その理を体得することによって到達した悟りの状態を、花が咲くことに喩えた。

一度の念仏によって浄土往生が決定するというのは一念業成《いちねんごうじょう》であり、天台宗の念仏も、幸西《こうさい》の一念義《いちねんぎ》も、親鸞の念仏もこの趣旨と見られる。

一念の念は、善導《ぜんどう》以降、仏名を唱えることの意に解され「一念十念」即ち一声《ひとこえ》、一遍《いっぺん》の称名念仏《しょうみょうねんぶつ》でも十遍《じっぺん》の念仏でも遍数に関係なく、等しく極楽浄土に往生できるという教えが法然の趣旨であり、ただ一遍の念仏で極楽往生が可能である。一念は、阿弥陀仏が廻向された真実信心であり、その一念は、清浄《しょうじょう》な信心、浄信《じょうしん》であると、阿弥陀仏の本願を信じ、すべてをこの救いに託して疑わない一念の信、真実心、一声《ひとこえ》の念仏の大切さを語る。

阿弥陀仏を一度心に念ずるだけで、それまで犯した無量の罪を消滅することができることが『一遍上人語録《いっぺんしょうにんごろく》』下巻にも見られる。

念仏は、如来《にょらい》の本願力《ほんがんりき》により称《とな》えせしめられていく他力《たりき》の念仏であり、一念の念仏も多念の念仏も「如来よりたまわりたる念仏」であり、一多の論争は偏執《へんしゅう》であり論外である。親鸞聖人は、一多の偏執（かたよった執着）を裁断する聖教として『唯信鈔《ゆいしんしょう》』を門徒に推奨《すいれい》し、勧《すす》めた。

念仏往生論という信仰論がそこにはあった。

造悪無碍論《ぞうあくむげ》は、どんな悪を造っても往生の障りとはならないという主張である。法然門下の行空《ぎょうくう》の一念の邪義《じゃぎ》が問題となった。

真宗初期教団では、明法房の往生を契機として一二五二年（建長四年）、常陸国において身（行い）、口（言動）、意（心）の三業わたる放逸無慚《ほういつむざん》の徒が輩出したので、親鸞聖人は、「ゑひもさめぬさきに、なほ酒をすすめ、毒も消えやらぬに、いよいよ毒をすすめんがごとし」（『末灯抄《まっとうしょう》』）に誡《いまし》めている。

「造悪このむわが弟子の邪見放逸《じゃけんほういつ》さかりにて」（『正像末和讃』三時讃）

一念が災いを消す。福徳を植えるとしてもあえて悪を犯すこと、造悪を禁じている。

『一念多念分別事』隆寛律師作には一念多念いずれも偏執すべからざる旨を諭している。

…すでに一念《いちねん》をはなれたる多念《たねん》もなく、多念《たねん》をはなれたる一念《いちねん》もなきものを、ひとへに多念《たねん》にてあるべしと定《さだ》むるものならば、『無量寿経《むりょうじゅきょう》』（巻下）のなかに、あるいは「諸有衆生《しょうしゅじょう》　聞其名号《もんごみょうごう》　信心歓喜《しんじんかんぎ》　乃至一念《ないしいちねん》　至心回向《ししんえこう》　願生彼国《がんしょうひこく》　即得往生《そくとくおうじょう》　住不退転《じゅふたいてん》」と説《と》き、あるいは「乃至一念《ないしいちねん》　念於彼仏《ねんおひぶつ》　亦得往生《やくとくおうじょう》」とあかし、あるいは「其有得聞彼仏名号《ごうとくもんひぶつみょうごう》　歓喜踊躍《かんぎゆやく》　乃至一念《ないしいちねん》　当知此人《とうちしにん》　為得大利《いとくだいり》　則是具足《そくぜぐそく》　無上功徳《むじょうくどく》」と、たしかにをしへさせたまひたり。

善導和尚《ぜんどうかしょう》も『経《きょう》』のこころによりて、「歓喜至一念《かんぎしいちねん》　皆当得生彼《かいとうとくしょうひ》」（礼讃）とも、「十声《じっしょう》・一声《いっしょう》・一念等《いちねんとう》、定得往生《じょうとくおうじょう》」（礼讃意）とも定《さだ》めさせたまひたるを、用《もち》ゐざらんにすぎたる浄土《じょうど》の教《きょう》のあだやは候《そうろ》ふべき。かくいへばとて、ひとへに一念往生《いちねんおうじょう》をたてゝ、多念《たねん》をひがごとゝいふものならば、本願《ほんがん》の文《もん》の「乃至十念《ないしじゅうねん》」を用《もち》ゐず、『阿弥陀経《あみだきょう》』の「一日乃至七日《いちにちないししちにち》」の称名《しょうみょう》はそゞろごとになしはてんずるか。これらの経《きょう》によりて善導和尚《ぜんどうかしょう》も、あるいは（散善義）「一心専念弥陀名号《いっしんせんねんみだみょうごう》　行住座臥《ぎょうじゅうざが》　不問時節久近《ふもんじせつくごん》　念々不捨者《ねんねんふしゃしゃ》　是名正《ぜみょうしょう》

定之業《じょうしごう》　順彼仏願故《じゅんぴぶつがんこ》」（散善義）と定《さだ》めおき、あるいは「誓畢此生《せいひつししょう》無有退転《むうたいてん》　唯以浄土《ゆいいじょうど》為期《いご》」とをしへて、無間長時《むけんじょうじ》に修《しゅ》すべしとす、めたまひたるをば、しかしながらひがごとになしはてんずるか。浄土門《じょうどもん》に入《い》りて、善導《ぜんどう》のねんごろのをしへをやぶりもそむきもせんずるは、異学《いがく》・別解《べつげ》の人《ひと》はまさりたるあだにて、ながく三塗《さんず》の巣守《すもり》としてうかぶ世《よ》もあるべからず。こころうきことなり。これによりて、あるいは（法事讃下）「上尽一形《じょうじんいちぎょう》　下至十念《げしじゅうねん》　三念五念佛来迎《さんねんごねんぶつらいこう》　直為弥陀弘誓重《じきいみだぐぜいじゅう》　致使凡夫念即生《ちしぼんぷねんそくしょう》」と、あるいは（礼讃）「今信知《こんしんち》　弥陀本弘誓願《みだほんぐぜいがん》　及称名号《ぎゅうしょうみょうごう》　下至十声一声《げしじっしょういっしょう》　定得往生《じょうとくおうじょう》　乃至一念《ないしいちねん》　無有疑心《むうぎしん》」と、あるいは（礼讃）「若七日及一日《にゃくしちにちぎゅういちにち》　下至十声《げしじっしょう》　乃至一声一念等《ないしいっしょういちねんとう》　必得往生《ひっとくおうじょう》」といへり。かやうにこそは仰《おお》せられて候《そうら》へ。これらの文《もん》は、たしかに一念多念《いちねんたねん》なかあしかるべからず。ただ弥陀《みだ》の願《がん》をたのみはじめてん人《ひと》は、いのちをかぎりとし、往生《おうじょう》を期《ご》として念仏《ねんぶつ》すべしとをしへさせたまひたるなり。ゆめ〳〵偏執《へんじゅう》すべからざることなり。こころの底《そこ》をばおもふやうに申《もう》しあらはし候《そうら》はねども、これにてこころえさせたまふべきなり。おほよそ一念《いちねん》の執《しゅう》かたく、多念《たねん》のおもひこはき人々《ひとびと》は、かならずをはりのわるきにて、いづれも〳〵本《ほん》願《がん》にそむきたるゆゑなりといふことは、おしはからはせたまふべし。さればかへすがへすも、多念《たねん》すなはち一念《いちねん》なり、一念《いちねん》すなはち多念《たねん》なりといふことわりをみだるまじきなり。
南無阿弥陀仏《なもあみだぶつ》
建長七　乙卯《きのとう》　四月二十三日
愚禿釈善信《ぐとくしゃくぜんしん》　八十三歳　書写之

『一念多念分別事』隆寛律師作

和訳

…現にまぎれもなく、一念をはなれたる多念もなく、多念を離れた一念もないものを、ひとえに多念にてあるべきであると定めるならば『無量寿経』（巻下）の中に、あるいは「諸有衆生《しょうしゅじょう》　聞其名号《もんごみょうごう》　信心歓喜《しんじんかんぎ》　乃至一念《ないしいちねん》　至心回向《ししんえこう》　願生彼国《がんしょうひこく》　即得往生《そくとくおうじょう》　住不退《じゅふたい》転《てん》」（あらゆる衆生、その名号を聞きて信心歓喜せんこと乃至一念せむ、至心に回向《えこう》せしめたまえり。かの国に生まれんと願せば即ち往生を得、不退に住せん）とお説きになり、あるいは「乃至一念《ないしいちねん》　念於彼仏《ねんおひぶつ》　亦得往生《やくとくおうじょう》」（あるいは称名の一声、ただ一遍の称名でも彼の仏、阿弥陀仏を念ずれば、又往生を得る）と明らかにし、あるいは「其有得聞彼仏《ごうとくもんひぶつ》

名号《みょうごう》　歓喜踊躍《かんぎゆやく》　乃至一念《ないしいちねん》　当知此人《とうちしにん》　為得大利《いどくだいり》　則是具足《そくでぐそく》　無上功徳《むじょうくどく》」（それ、かの仏の名号を聞くことを得て歓喜踊躍《かんぎゆやく》して乃至一念せむことをあらむ。まさに知るべしこの人は大きな利益得とす。則ちこれこの上ない佛の徳を完全に具するなり）。とたしかにお教え下さった。

善導和尚も『経』の心により「歓喜至一念《かんぎしいちねん》　皆当得生彼《かいとうとくしょうひ》」（礼讃）とも「十声《じっしょう》・一声《いっしょう》・一念等《いちねんとう》、定得往生《じょうとくおうじょう》」（礼讃意）ともお定めになり、用いず、終ってしまった浄土の教えの実のない空しさ、むだ矢はきっとあるのが当然である。

この通りと言えばひとえに一念往生をたて、、多念をまちがえたことというものならば、本願の文の「乃至《ないし》十念」を用いず『阿弥陀経』の「一日乃至七日」（一日もしくは七日）の称名はつまらぬことになり終り、そのもののあるべき位置からすべり移るか。

これらの経により善導和尚もある時は（散善義）「一心専念弥陀名号《いっしんせんねんみだみょうごう》　行住座臥《ぎょうじゅうざが》　不《ふ》問時節久近《もんじせつくごん》　念々不捨者《ねんねんふしゃしゃ》　是名正定之業《ぜみょうしょうじょうしごう》　順彼仏願故《じゅんぴぶつがんこ》」とお定めになり、一方では（散善義）「誓畢此生無有退転《せいひつししょうむうたいてん》　唯以浄土為期《ゆいいじょうどいご》」とおしえて、間断なく無限に長い時間修すべしとおすすめになるをば、要するにことごとく道理や事実を違ったまちがった事に勝るのであろうか。

浄土門に入りて、善導の注意深く心のゆきとどいた丁寧な教えを破り、背《そむ》きもする異《い》学《がく》・別解《べつげ》（念仏の正しい教えとは異なる間違った教えを学び、念仏を唱えながら阿弥陀仏の本願他力を頼まない異端的な理解）には、ひいでた競争相手として長く三塗《さんず》（猛火に焼かれる地獄道《じごくどう》、刀・杖で迫害される餓鬼道《がきどう》、互いに食いあう畜生道《ちくしょうどう》）。巣守《すもり》（巣の番をする鳥、孵化しないで巣に残る卵を守る）、苦しい境遇や気持ちから抜け出す成仏する世もあることがない。心憂き、つらく情けないことである。これによって一方では（法事讃）「上尽一形《じょうじんいちぎょう》　下至十念《げしじゅうねん》　三念五念佛来迎《さんねんごねんぶつらいこう》　直為弥陀弘誓重《じきいみだぐぜいじゅう》　致使凡夫念即生《ちしぼんぶねんそくしょう》」（上一形を尽くし、十念、三念、五念に至るまで仏来迎したまう。すぐに弥陀の重い弘誓《ぐぜい》が形をあらわし凡夫がこの世で極楽に往生することが決定するに至る）と、あるいは「今信知《こんしんち》　弥陀《みだ》本弘誓願《ほんぐぜいがん》　及称名号《ぎゅうしょうみょうごう》　下至十声一声等《げしじっしょういっしょうとう》　定得往生《じょうとくおうじょう》　乃至一念《ないしいちねん》　無有疑心《むうぎしん》」（礼讃）と、もしくは「若七日及一日《にゃくしちにちぎゅういちにち》　下至十声《げしじっしょう》　乃至一声一念等《ないしいっしょういちねんとう》　必得往生《ひっとくおうじょう》」（礼讃）という。

このようにこそ、仰せのお言葉を申された。

これらの文は確かに一念多念の争いは、胸中気に入らない、好ましくない、不快となしてはいけない、すべきことでないこととの仰せになっている。

念仏の行についての一念多念の争いはよくよくつつしむべきである。

善導《ぜんどう》は『往生礼讃《おうじょうらいさん》』の文には、

「恒願一切臨終時勝縁勝境悉現前（恒《つね》に一切のひと終りに臨む時、勝縁勝境《しょうえんしょうきょう》、悉く前に現れたまへと願うべし）」（礼讃）にて「つねに絶え間なく祈りつれて、時々でも願い、極楽を願う多くの人たちの命の終わろうとする時迄、仏をも見たてまつり、光をも見、かぐわしい香りもかぎ、勝れた教えの友の勧めにも遇いたいと思い、さまざまな素晴らしいことが目の前に現れてくださいと願いなさい」と引文にて語る。

『無量寿経』の第十八願の成就文「諸有衆生　即得往生、住不退転」は十方の多くの人たちが如来のお誓いになった本願のみ名を聞いて疑いの心がなく、身を悦ばせ、心を喜ばせることで、得るに違いないことを得たいと願ってあらかじめえない先から喜ぶ。

多いことも少ないことも、遠い以前のことも近々のことも先のことも、信心の得る時の極限の時をあらわす時、一念は、阿弥陀如来の真実のお心であり、本願のみ名を十方のすべての人にお与えになるみ教えとなる。

多くの人に本願の真実浄土に生まれたいと願いなさいと安楽浄土《あんらくじょうど》をお教えになり、すなわち時を経ず、日を経てず浄土に生まれると決まりその位につく。
真実の信心を得るから直ちに無碍光仏《むげこうぶつ》は、お心のうちに摂取《せっしゅ》して、お捨てにならない。摂《おさ》め迎えとる。即座に時、日をも隔てない浄土に生まれる身と定まる位が決定し往生をうる。お迎えになる。
「乃至一念《ないしいちねん》　念於彼仏《ねんおひぶつ》　亦得往生《やくとくおうじょう》」（あるいは称名の一声、ただ一遍の称名でも彼の仏、阿弥陀仏を念ずれば、又、往生を得る）
「乃至一称仏名」わずかな一声、仏の名を唱えただけでもその功徳は大きく、信心の一念にて信心決定の位につくことを説き、明らかにする。
「其有得聞　彼仏名号　歓喜踊躍　乃至一念　当知此人　為得大利　則是具足　無上功徳」（歓喜踊躍《かんきゆやく》して乃至《ないし》一念せんことあらん。まさに知るべし、この人は大利を得とす。すなはちこれ無上の功徳を具足《ぐそく》するなりと）
それかの仏、阿弥陀仏の名号を聞くことを得て歓喜踊躍《かんぎゆやく》（仏法を聞いて信心を抱き喜びにあふれる。）阿弥陀仏のみ名のいわれを知り、真実の信心（廻向《えこう》の信心）を頂いて往生が決定した正定聚の位につく、そのことのあふれるよろこびにあるいは一念する。

まさに知るべきである。この人は大きな信仰による宗教的ご利益《りやく》、恵みを完全に具える。

善導和尚も『経』の心により礼讃「歓喜至一念　皆当得生彼」（宗教的な満ち足りた喜びが極まり一声の念仏にて皆、まさに彼の極楽浄土に生まれることができる）「十声一声一念等定得往生」（礼讃意）と説き、阿弥陀仏の本願の救いによって、たった十声《とこえ》、いや一声《ひとこえ》でも念仏を称えることにことによって浄土に生まれることができるという。定められた極楽往生の道、念仏を用いず、心の糧、依り処とせぬは、すぎ去りし浄土の教えの実のない末法の空しさではないかと称名念仏《しょうみょうねんぶつ》、念仏を唱えることをすすめるのである。

あとがき

拙著『極楽浄土念仏往生論』（平成三十年　山喜房佛書林）にて有楽の極楽浄土に生まれたいと願う願生浄土《がんしょうじょうど》・南無阿弥陀仏の心の大切さを論じた。

「たま〳〵行信を得れば遠く宿縁を喜ぶべきなり」という親鸞聖人の宗教的境地に頷いて更にこの度、聖覚《せいかく》著『唯信鈔』を読むにてその解釈及び信仰心、心の糧の宗教哲学の課題解決の他力信仰則ち、念仏道、有楽の道を明らかにする機縁に恵まれた。

日本の国土に生まれ育ち、会いがたい仏法に恵りあい、この世にいる間に往生の身に定まり不体失往生《ふたいしつおうじょう》、本願力にあい生死度脱の叡智つまり空しくすぐることのない本願一実の真実に恵りあった。本願の勅命、命令により信仰心・心の糧に覚醒する機縁を頂いたことは、難中の難こそれにすぎたるはなしという「難値仏法」、仏の教えに会い宗教的なあふれる喜び歓喜踊躍の幸せ者として、この上もない喜びの日々の人生行路であるに違いない。それは私一人ではなく同信のわれらの救いであるようにも思う。崇敬の念を込めて親鸞聖人の著述に接し、聖人の著述『唯信鈔文意』について著述を試みる、その機会も遠からずあろうかと思う。

私たちのこの人生は、影と形のように離れず、阿弥陀仏の影護加護力の恩恵にあずかっているであろう。

その幸せに今感知覚醒し、七十五歳の初夏の早朝、あふれる喜びの境地の中、ひとまず本稿の筆をおくこととする。

令和元年七月　自坊阿弥陀寺書斎にて著者識す

参考文献

『真宗聖教全書』二宗祖部　昭和十六年　大八木興文堂
『親鸞全集』石田瑞磨　一九八六年　春秋社
『唯信鈔文意に聞く』小端　静順著　平成十一年　教育新潮社
『例文仏教語大辞典』石田瑞磨著　一九九七年　小学館

著者略歴
宇野　弘之（うの　ひろゆき）
1944年　愛知県生まれ。宗教哲学者。1969年、東洋大学大学院文学研究科修士課程修了、1972年、同大学院博士課程でインド学仏教学を専攻研鑽。
【宗教法人】浄土真宗　霊鷲山　千葉阿弥陀寺住職　千葉市中央区千葉寺町33
【学園】阿弥陀寺教育学園・宇野学園理事長

主な著作
『大無量寿経講義』『阿弥陀経講義』『観無量寿経講義』『正信念仏偈講義』『十住毘婆沙論易行品講義』『釈尊に聞く仏教の真髄』『盂蘭盆経を読む　彼岸への道』『極楽浄土念仏往生論』『如来二種廻向文』を読む。『国家Identity人命救助論序説』『浄土文類聚鈔』を読む（山喜房佛書林）、『孫・子に贈る親鸞聖人の教え』（中外日報社発行、法蔵館発売）、『蓮如　北陸伝道の真実』『蓮如の福祉思想』『蓮如の生き方に学ぶ』（北國新聞社）、『「心の病」発病のメカニズムと治療法の研究』Ⅰ、Ⅱ、Ⅲ『親鸞聖人の救済道』『晩年の親鸞聖人』『無宗教亡国論』『恵信尼公の語る親鸞聖人』『ストップ・ザ・少子化』（国書刊行会）

法然上人　親鸞聖人推奨
『唯信鈔』を読む　信仰心・心の糧の宗教哲学

2019年9月13日　初版発行

著　者　宇　野　弘　之
発行者　吉　山　利　博
印刷者　小　林　裕　生

発行所　株式会社　山　喜　房　佛　書　林
〒113-0033　東京都文京区本郷5-28-5
電話 03-3811-5361　FAX 03-3815-5554

ISBN978-4-7963-0516-7　C1015